Es ist nun ein Jahr her, dass ein kleines Mädchen in Stuttgart entführt, vergewaltigt und getötet wurde. Ein Verdächtiger konnte nicht überführt werden. Der damalige Chefermittler musste den Dienst quittieren, weil er gegen den vermeintlichen Täter gewalttätig geworden war. Jetzt will er den Kerl endlich ans Messer liefern. Aber er kommt dabei Kommissar Bienzle ins Gehege, der nicht an die Schuld des jungen Mannes glaubt. Da wird plötzlich ein weiteres Kind entführt. Die Ereignisse bekommen eine eigene unaufhaltsame Dynamik. Womöglich hat sich Bienzle geirrt. Er beginnt, an sich selbst zu zweifeln, und erlebt die schwerste Krise seiner Karriere.

Felix Huby, bürgerlich Eberhard Hungerbühler, geboren 1938, schreibt seit 1976 Kriminalromane, Tatorte, Fernsehserien. Bisher hat er 18 Krimis mit Kommissar Bienzle veröffentlicht und 2005 zudem einen neuen Ermittler kreiert: Peter Heiland (›Der Heckenschütze‹, ›Der Falschspieler‹, 2005 und 2006, Scherz Verlag). Aus Hubys Feder stammen 32 Tatorte für die ARD und zahlreiche Fernsehserien, u. a. »Abenteuer Airport«, »Ein Bayer auf Rügen« und »Oh Gott, Herr Pfarrer«. 1999 wurde er für sein Werk mit dem »Ehrenglauser« der Autorengruppe Deutsche Kriminalliteratur »Das Syndikat« ausgezeichnet.

Der Autor im Netz: www.felixhuby.de

Unsere Adresse im Internet: www.fischerverlage.de

Felix Huby

Bienzles schwerster Fall

Kriminalroman

Fischer Taschenbuch Verlag

Originalausgabe
Veröffentlicht im Fischer Taschenbuch Verlag,
einem Unternehmen der S. Fischer Verlag GmbH,
Frankfurt am Main, Dezember 2006

© Fischer Taschenbuch Verlag in der S. Fischer Verlag GmbH,
Frankfurt am Main 2006
Satz: Pinkuin Satz und Datentechnik, Berlin
Druck und Bindung: Clausen & Bosse, Leck
Printed in Germany
ISBN-13: 978-3-596-17134-7
ISBN-10: 3-596-17134-2

1

Die Sonne hing wie ein blasser Schemen hinter der Dunstglocke, die sich über dem Kessel der Stuttgarter Innenstadt wölbte. Die Temperatur war mit 27 Grad im Schatten gar nicht mal so hoch. Aber die Luft war schwül und ließ sich nur schwer atmen. Bienzle trat auf den Balkon seiner Wohnung in der Schützenstraße. Von hier konnte er auf das Zentrum der Stadt hinabblicken. Im Sommerdunst reckte sich das Tagblatthochhaus über die Gebäude in der Nachbarschaft. Man konnte den Verlauf der Königstraße erkennen. Dort, wo sie endete, befand sich der Hauptbahnhof. Die acht Bahnsteige und die sechzehn Gleise, die sich nach Norden hin verzweigten, sahen von hier oben aus, als gehörten sie zu einer Spielzeugeisenbahn.
Ernst Bienzle nippte an seinem Instantkaffee. Das Getränk war lauwarm und schmeckte widerlich. Seitdem er wieder alleine wohnte, hatte er die Kaffeemaschine nicht mehr benutzt. Im Büro dagegen hatte sein Kollege Gächter erst kürzlich eine teure Espressomaschine installiert, die vorzüglichen Kaffee produzierte.
Seitdem Hannelore ausgezogen war, begannen die Tage für Bienzle wie in einem Niemandsland. Wenn er morgens aufwachte, kam er sich verloren vor. Ein Gefühl großer Einsamkeit überfiel ihn. Es kostete den siebenundfünfzigjährigen Mann Überwindung, die Beine über den Bettrand zu heben und auf den Boden zu stellen, sich aufzurichten und

am Ende vollends zur ganzen Länge zu erheben. Dabei hätte ihm das eigentlich leichter fallen müssen als noch vor einem halben Jahr. Seitdem Hannelore ausgezogen war, hatte er gut zehn Kilo abgenommen.
Seine langjährige Partnerin hatte ihm erklärt, sie habe ein sehr schönes Atelier gefunden, zu dem auch eine Wohnung gehöre. Dort war sie jetzt die meiste Zeit. Sie sahen sich immer seltener. Doch seine triste Stimmung hatte in diesen Tagen auch andere Gründe.

Bienzle kehrte in die Wohnung zurück, stellte die Tasse, die noch halb voll Kaffee war, ins Spülbecken und drehte den Wasserhahn auf; dann ging er ins Badezimmer, schaute in den Spiegel, befühlte seine Wangen und beschloss, dass er sich erst am nächsten Tag wieder rasieren musste. Der Radiowecker sprang an. Es war acht Uhr. Bienzle wachte stets von selber auf und in letzter Zeit sogar immer früher. Mit halbem Ohr hörte er dem Nachrichtensprecher zu. Der Ölpreis war schon wieder gestiegen. Die Bundeskanzlerin reiste nach Moskau. Die Ärzte demonstrierten und drohten mit Streik. Er ging in die Küche zurück und drehte das Wasser ab. Er schälte eine Banane, und als er zum ersten Mal hineinbeißen wollte, sagte der Sprecher im Radio: »Die Suche nach der vermissten kleinen Elena Hagen verläuft weiter ergebnislos. Das Mädchen ist am Freitag nach der Schule nicht nach Hause gekommen. Inzwischen sind zwei Tage vergangen, und die Polizei steht noch immer vor einem Rätsel.« Bienzle schaltete das Radio aus.

Genau in diesem Augenblick entdeckte Polizeimeister und Hundeführer Jochen Brennenstuhl das Kind. Es war nicht tief vergraben. 30 Zentimeter vielleicht. Brennenstuhl musste seinen Hund wegreißen, damit er beim Scharren die kleine Leiche nicht zerkratzte.

Als Bienzle das Haus verließ, kam sein Vermieter die Schützenstaffel herauf, die am Ende des Straßenabschnitts, in dem er wohnte, zur Werastraße hinabführte. Der alte Mann trug ein Gesangbuch in der Hand, das in schwarzen Samt eingeschlagen war. Rominger ging am Sonntag immer in den Gottesdienst, kaufte anschließend im Café Kipp zwei Brezeln und kehrte schnurstracks nach Hause zurück, um in Ruhe zu frühstücken und eine seiner Volksmusik-CDs zu hören.
»Morgen, Herr Rominger«, grüßte Bienzle.
Der Hausbesitzer nickte nur und sagte: »Ischt des net furchtbar. Jetzt sind's scho zwei Tag, dass des Kind verschwunde ischt. Wir haben grad in der Kirch gemeinsam für des Mädle gebetet.«
»Vielleicht hilft's ja was«, entgegnete Bienzle.
»Ja, geschieht denn bei Ihne au was?«, fragte Rominger.
»Wir tun, was wir können!« Bienzle ging die Staffel hinunter, Rominger stieg sie weiter hinauf, blieb aber noch mal stehen und rief seinem Mieter hinterher: »Dann ist das aber, scheint's, net viel!«
Bienzle antwortete nicht. Es war immer das Gleiche: Stellten sich bei Ermittlungen nicht schnelle Erfolge ein, wurde sofort die Arbeit der Polizei kritisiert. Zum Glück war er nicht zuständig. Noch nicht! Sollte das Kind allerdings irgendwo tot gefunden werden, wurde es doch noch sein Fall.
Tag und Nacht waren zwanzig Polizeistaffeln unterwegs.

Die Bereitschaftspolizei war mit drei Hundertschaften hinzugezogen worden. Die Polizeiführung ließ wirklich nichts unversucht, um das vermisste Mädchen zu finden.

Am Neckartor stieg Bienzle in die Straßenbahn. Sie war gut besetzt. Wieder einmal wunderte er sich darüber, wie viele Fahrgäste in Büchern lasen. Er selbst hatte in letzter Zeit immer weniger gelesen. »Mir fehlt die Ruhe dazu«, hatte er geantwortet, als Hannelore ihn einmal danach gefragt hatte.
Die Bahn fuhr am Mineralbad Berg und kurz danach am Leuze-Bad vorbei. Die Liegewiesen waren Sonntag wie Werktag dicht besetzt. Kein Wunder bei diesen Hitzegraden. Bienzle beneidete die Menschen, die um diese Zeit ins Freibad gehen konnten, und rief sich doch gleich zur Ordnung. Vielleicht waren viele darunter, die lieber zur Arbeit gegangen wären, wenn sie eine gehabt hätten. Er seufzte laut. Eine junge Frau, die ihm gegenübersaß, hob den Kopf und sah ihn an. »Machen Sie sich nichts draus!«, sagte Bienzle und versuchte zu lächeln.
Die Straßenbahn überquerte den Neckar.
Am Uff-Friedhof stieg er aus und ging zum Landeskriminalamt in der Taubenheimstraße. Hier war die Luft ein klein wenig leichter als in der Innenstadt. Der Schnürsenkel an seinem rechten Schuh hatte sich gelöst. Bienzle stellte den Fuß auf ein Mäuerchen und band eine Schleife.

Als der leitende Hauptkommissar Ernst Bienzle das Polizeigebäude betrat, rief ihm schon der Pförtner entgegen: »Mir habet des Mädle g'funde«, als ob er dabei gewesen wäre. Bienzle beschleunigte seine Schritte. Er stürmte an seinem

Büro vorbei und betrat den Konferenzraum 3, der als Büro der Sonderkommission diente, und blieb direkt neben der Tür stehen.

Kriminalrat Theuerkauf, Leiter der Hauptabteilung »Delikte am Menschen«, referierte gerade. Den Anfang hatte Bienzle verpasst. Aber er konnte die Zusammenhänge leicht herstellen. Theuerkauf verwies vor allem auf die Parallelen zum Fall Christine Meinhold. Der lag ein gutes Jahr zurück. Bienzle hatte seinerzeit mit den Ermittlungen nichts zu tun gehabt, weil er einen sechsmonatigen Lehrauftrag an der Polizeischule Göppingen zu absolvieren hatte. Das elfjährige Mädchen war damals zuletzt auf einem Kinderspielplatz gesehen worden. Dort hatte es sich auf einem Klettergerüst den Fuß eingeklemmt. Ein junger Mann hatte es heruntergehoben, was von einem älteren Passanten beobachtet worden war. Der junge Mann war der einzige Verdächtige. Man hatte freilich auch nicht lange nach anderen gesucht. Und als immer klarer wurde, dass man Kai Anschütz – so hieß der Verdächtige – nichts nachweisen konnte, war schon viel Wasser den Neckar hinuntergeflossen. Manche Versäumnisse konnten nicht mehr wiedergutgemacht werden.

Die Ermittlungen im vergangenen Jahr hatte der Kriminalkommissar Hartmut Grossmann geleitet. In einem der langen Verhöre hatte er die Geduld verloren und Anschütz gepackt, an die Wand geworfen und dann auch noch mit Fäusten und Füßen traktiert. Der junge Mann war von Dr. Schlageter vertreten worden, einem Anwalt, der sich jeden Fall unter den Nagel riss, der einen spektakulären Prozess und eine entsprechende Publicity versprach. Und der hatte dann auch dafür gesorgt, dass Kommissar Grossmann entlassen wurde.

Einen Täter hatten sie nie gefunden. Anschütz konnte nicht einmal angeklagt werden. Zwar hatte er kein einwandfreies Alibi, aber einen hinreichenden Tatverdacht gab es auch nicht.

Polizeipräsident Karl Hauser betrat den Raum. Sofort unterbrach Theuerkauf seinen Vortrag. Hauser, sonst ein eher gemütlicher weißhaariger Mann, der gerne einem guten Wein zusprach, was ihn übrigens mit seinem ehemaligen Schulfreund Ernst Bienzle verband, ergriff sofort das Wort. »Wir haben jetzt also einen Mord. Herr Bienzle bildet eine neue Sonderkommission, in die Sie, meine Damen und Herren, natürlich eingebunden werden. Und jetzt, Ernst«, wandte er sich direkt an Bienzle, »denke ich, solltest du so schnell wie möglich zum Fundort der Leiche fahren.«
Bienzle nickte und verließ den Raum mit den Worten: »Alles Weitere später.«

2

Günter Gächter steuerte den Dienstwagen. Mit Blaulicht und Martinshorn rasten sie über die Schwarenberg- und die Pischekstraße zur Geroksruhe hinauf und bogen in das Sträßchen ein, das auf dem Rücken der Wangener Höhe zunächst durch einen üppigen Buchenwald führte und danach durch Schrebergärten, die man hier »Gütle« nannte.
Rot-weiße Bänder mit der Aufschrift »Polizei« versperrten die Fahrbahn. Gächter hielt an. Er und Bienzle stiegen aus.
»Dort vorne.« Ein Schutzpolizist, in dessen leichenblassem Gesicht Schweißperlen standen, deutete den Berg hinunter.
»Ist Ihnen nicht gut?«, fragte Bienzle.
»Ich hab selber drei Kinder. Zwei Bube und a Mädle. Sieben, fünf und drei Jahr' alt«, antwortete der uniformierte Beamte, nahm die Mütze ab und fuhr mit seinem schweißnassen Taschentuch über seine hohe Stirn.
»Verstehe«, sagte Bienzle und stapfte den Hang hinab.

Die Beamten der Spurensicherung und der Gerichtsmediziner Dr. Kocher waren schon da. Kocher kniete neben der Grube, in der das Mädchen gefunden worden war. Er nickte Bienzle und Gächter zu, als sie neben ihn traten. »Nach der Leichenstarre zu urteilen, ist das Kind wahrscheinlich länger als zwölf Stunden tot.«

»Wahrscheinlich?«
Kocher zeigte auf das Erdloch. »Wir haben die Temperatur der Erde da drin noch nicht gemessen.«
Gächter sagte: »Verschwunden ist Elena Hagen am Freitag nach der Schule. Zuletzt wurde sie gegen 15 Uhr gesehen.«
Kocher nickte. »Und heut ist Sonntag!«
Bienzle beugte sich zu dem Gerichtsmediziner hinab. »Wir müssen genau wissen, wie viel Zeit zwischen dem Verschwinden des Kindes und seinem Tod vergangen ist.«
Kocher hob mit einer Pinzette eine Fliegenlarve hoch. »Vielleicht erzählen die uns was.« Er schob die Spitze der Pinzette in ein Glas mit Alkohollösung und ließ den kleinen weißen Körper los.
Aus den Augenwinkeln sah Bienzle, wie die Leiche des Mädchens weggeschafft wurde. Er wollte noch etwas zu Kocher sagen, brachte aber keinen Ton heraus. Seine Kehle war wie zugeschnürt. Gächter war zu ihm getreten. »Man muss die Eltern informieren.«
Was steckte nicht alles hinter diesem sachlichen Satz? Während sie den Weg zum Fahrsträßchen hinaufgingen, dachte Bienzle darüber nach, wie oft er in seinem Berufsleben schon den Angehörigen die Nachricht vom Tod eines nahen Menschen hatte überbringen müssen. Niemand sollte sagen, dass man sich im Lauf der Zeit dagegen wappnen oder gar daran gewöhnen könne. Jeder Fall war anders. Am schlimmsten aber waren die Fälle, in denen Kinder ihr Leben hatten lassen müssen.
Gächter sah zu seinem Freund hinüber. »Soll ich das übernehmen?«
Bienzle sah seinen Kollegen überrascht an. »Das würdest du tun?«

Gächter nickte. Es war ihm anzusehen, dass es ihm schwer fallen würde.
Bienzle schüttelte langsam den Kopf. »Nein«, sagte er. »Wir gehen zusammen.«

Die Familie Hagen hatte die rechte Erdgeschosswohnung in einem Sechsfamilienhaus im Stuttgarter Westen. Sie durfte den Garten nutzen. An einer Teppichstange hing eine Schaukel und bewegte sich leise, als ob grade ein Kind heruntergesprungen wäre. Aber es war der aufkommende Wind, der sie in Bewegung gesetzt hatte. Ein Gewitter kündigte sich an. Erste schwarze Wolken drangen von Westen her über den Killesberg in den Kessel der Innenstadt herein. Heftige Böen wirbelten Staub und trockene Blätter auf.
Gächter hatte geklingelt. Die Eheleute kamen gemeinsam an die Tür, als ob sie sich gegenseitig beschützen wollten.
»Ja, bitte?«, sagte Herr Hagen.
Bienzle schluckte trocken. »Mein Name ist Bienzle«, stieß er hervor, »ich bin Kriminalbeamter.«
Die junge Frau, sie hatte ein rundes, helles Gesicht mit lichtblauen Augen, die jetzt plötzlich dunkel wurden, starrte ihn an.
»Es tut mir leid …« Bienzle unterbrach sich.
»Nein!«, schrie sie plötzlich. »Nein, das ist nicht wahr. Sagen Sie, dass es nicht wahr ist!« Sie zitterte plötzlich am ganzen Körper.
Ihr Mann schlang von hinten die Arme um sie. »Carmen«, sagte er in einem seltsamen Singsang. »Carmen, ruhig!«
Plötzlich schrie sie: »Bitte!« Und dann immer wieder: »Bitte! Bitte! Bitte!«
»Dürfen wir reinkommen?« Der Satz kam Bienzle plötzlich

sinnlos und deplatziert vor. Schließlich sagte er: »Kommen Sie!«, und schob das Paar ins Haus. Ringsum waren Fenster aufgegangen. Jeder in der Nachbarschaft wusste ja, dass das Kind verschwunden war, und es fiel niemandem schwer zu begreifen, welche Nachricht die beiden fremden Männer dem Ehepaar Hagen überbrachten.

Als sie in das Wohnzimmer traten, wurde Carmen Hagen plötzlich ruhiger. »Das ist nicht wahr! Das ist nicht wahr!«, sagte sie. Und dann noch mal: »Es ist nicht wahr. Es ist eine Verwechslung. Meine Elena kommt wieder. Sie kommt bestimmt wieder.«

Bienzle setzte erneut an: »Ich weiß, wie furchtbar das für Sie ... Ach was! Alles, was man in so einem Fall sagt, kann nur falsch sein.«

Zum ersten Mal meldete sich Herr Hagen. »Bitte, gehen Sie«, sagte er.

»Meine Elena. Meine kleine Elena!«, rief Frau Hagen ein ums andere Mal.

Bienzle sagte: »Wir versprechen Ihnen ...!«

»Bitte, lassen Sie uns allein!«, unterbrach ihn Herr Hagen.

Bienzle machte eine resignierende Geste und ging zur Tür.

Gächter sagte: »Herr Hagen, könnte es sein ...«

»Jetzt net!«, fuhr Bienzle seinem Kollegen in die Parade. »Jetzt net, Gächter.« Er zog ihn mit sich hinaus und drückte die Tür leise zu.

Im Präsidium hatte nur wenig verändert werden müssen. Der Raum, in dem die Sonderkommission schon wegen der Entführung Elena Hagens eingerichtet worden war, hatte ein paar Tische mehr bekommen. Zusätzliche Telefone wurden installiert. Die Mannschaft hatte man um zwölf Beamte aufgestockt. Als Bienzle und Gächter zurückkamen, waren die Techniker noch damit beschäftigt, Leitungen zu legen, Computer zu installieren und zu vernetzen. Bienzle überließ Gächter das Kommando und ging in sein Büro.

Als er die Tür öffnete, stand ein kleiner, gedrungener Mann mit dem Rücken zum Raum am Fenster und wippte in gleichmäßigen Bewegungen auf seinen Fußballen. Bienzle kniff die Augen zusammen. »Herr Grossmann?«

Grossmann wandte sich um. Sein Gesicht wirkte starr. Die Haut spannte sich straff über Jochbein und Kinn. Sie war fast unnatürlich gebräunt. Bienzle wusste, dass Grossmann den Großteil seiner Zeit in seinem Garten verbrachte.

»Sie haben es also schon gehört?« Bienzle reichte dem Exkollegen die Hand.

»Jawoll, und ich biete Ihnen meine Mitarbeit an, Kollege Bienzle.«

Der Hauptkommissar wiegte seinen schweren Kopf hin und her. »Ich glaube, das ist keine gute Idee.«

»Ich kenn den Kerl«, sagte Grossmann, »ich habe ihn damals drei Tage lang verhört.«

»Und krankenhausreif geschlagen!«, gab Bienzle zurück.

»Er ist unglücklich gestürzt. Okay, ich hab ihn ein bisschen hart angefasst, ja. Aber wenn man sich so sicher ist …«

»Sie haben Kai Anschütz nichts beweisen können.«

»Aber ich hab gewusst, dass er es war, und ich hab auch gewusst, da kommt man nur mit einem Geständnis weiter.«

»Trotzdem …« Bienzle schüttelte entschieden den Kopf.

»Wenn er ausgesagt hätte, und wir hätten das Kind gefunden, wäre ich ein Held gewesen … Aber darum geht's gar

nicht. Es geht darum, dass der Kerl immer noch frei herumläuft. Und dass wir ihn diesmal überführen müssen!«
»Wir? Herr Grossmann, bitte ...«
Grossmann unterbrach ihn: »Kollege Bienzle, verstehen Sie mich doch! Mich treibt das immer noch so wahnsinnig um, dass ich keine Nacht mehr richtig schlafen kann.«
»Das verstehe ich ja«, entgegnete Bienzle, »aber ich kann Sie doch unmöglich hier mitarbeiten lassen. Sie sind kein Polizeibeamter mehr!«
Grossmann zählte an den Fingern ab: »Er hat ein Kondom benutzt, stimmt's?«
»Das wissen wir noch nicht.«
»Das Kind ist zuerst gewürgt und dann mit einem Kissen erstickt worden.«
»Mit dem Gerichtsmediziner habe ich darüber noch nicht gesprochen.«
Bienzle verlor langsam die Geduld, aber sein früherer Kollege fuhr unbeirrt fort: »Der Täter hat Handschuhe getragen, und alle eventuellen Spuren an der Haut und an den Kleidern hat er mit Klebeband beseitigt, stimmt's? Ihr habt nichts gefunden außer den Erdspuren.«
Bienzle zwang sich, ruhig zu bleiben. »Ich sage Ihnen doch: Die Auswertung läuft noch.«
»Aber sie wird genau das ergeben. Nehmen Sie Kai Anschütz fest, so schnell wie möglich. Sie müssen das machen. Wenn Sie es nicht tun, werden Sie eines Tages genau so schlaflose Nächte haben wie ich.«
»Sie wissen doch so gut wie ich: Wir haben keine Handhabe ...«
Wieder unterbrach ihn Grossmann: »Er war es schon letztes Jahr bei der kleinen Meinhold! Er ist damals als Letzter mit

der Christine gesehen worden. Man hat ihn beobachtet. Und an seinen Schuhen war Erde aus dem Waldstück, wo die Leiche gefunden wurde.«
Bienzle schlug unvermittelt mit der Faust auf den Tisch. »Ja, ich weiß das alles, und ich weiß auch, dass er vorbestraft ist. Niemand kann ausschließen, dass er's war. Aber im Fall Elena Hagen haben wir noch nicht den geringsten Anhaltspunkt, der auf ihn hinweist.«
Grossmanns Stimme bekam einen fast flehentlichen Klang: »Bienzle, ich biete Ihnen noch einmal meine Hilfe an!«
»Sie wissen genau, dass ich die nicht annehmen kann.«
Bienzle ging zur Tür und öffnete sie weit – ein deutliches Zeichen dafür, dass für ihn das Gespräch beendet war.
Grossmann machte ein paar zögernde kurze Schritte zum Ausgang hin. »Wenn Sie ihn jetzt nicht auf Nummer Sicher bringen, und er tut es wieder, sind Sie für den nächsten Kindermord verantwortlich«, sagte er. »Können Sie diese Verantwortung tragen?«
»Ich werde sie wohl tragen müssen«, sagte Bienzle und spürte zugleich, wie die Kälte über sein Rückgrat zum Nacken und bis unter das Schädeldach kroch. Er drückte die Tür hinter Grossmann ins Schloss, ging zu seinem Platz und setzte sich auf seinen Schreibtischstuhl. Er streckte die Beine weit von sich, hakte die Daumen in den Hosenbund, lehnte sich zurück und schloss die Augen.

So traf ihn Gächter an. »Schläfst du?«, fragte er von der Tür her.
»Ich denk nach.«
»Tanja Hohmann trägt alles zusammen, was man über die Tat im letzten Jahr und alle vergleichbaren Taten weiß.«

»Gut!«, sagte Bienzle. Frau Hohmann war eine siebenundzwanzigjährige Kollegin, die er wegen ihrer ruhigen Art und ihres scharfen Verstandes schätzte. Die junge Frau war eine zielstrebige Person. Wenn sie sich etwas vorgenommen hatte, konnte sie extrem hartnäckig sein.
»Zielke hat es übernommen, die Flugblätter herzustellen. Er sorgt auch dafür, dass die in alle Briefkästen in der Umgebung der Wohnung von Hagens verteilt werden.«
Bienzle nickte. Zielke, ein langer, knochiger Typ mit der Visage eines Halunken, war nicht weniger hartnäckig als Frau Hohmann. Bei ihm musste man nur ständig auf der Hut sein, dass er das Gesetz nicht viel zu weit auslegte.
»Die Staatsanwaltschaft hat für Hinweise, die zur Ergreifung des Täters führen, eine Belohnung von 5000 Euro ausgesetzt.«
»Des wird nichts bringa«, sagte Bienzle, »aber mache mueß mr's.«
»Und das ist das Plakat dazu.« Gächter schob ein DIN-A0-Blatt auf den Schreibtisch. Im Zentrum war ein postkartengroßes Foto von Elena Hagen zu sehen. Es war vor dem Sechsfamilienhaus aufgenommen worden, in dem die Familie wohnte. Elena stand mit einem Fuß auf ihrem Kinderroller und stützte sich mit dem anderen an der Bordsteinkante ab. Den Lenker schien sie fest umklammert zu haben. Sie lachte offen in die Kamera.
Bienzle schluckte. »Was für ein fröhliches Kind«, sagte er mit belegter Stimme.
Gächter hob den Kopf. Tränen schimmerten in den Augen seines Chefs. »Ich habe den psychologischen Dienst zu den Hagens geschickt«, fuhr Gächter rasch fort.
Bienzle nickte. »Die Leut brauchen Trost. Und sie brauchen

Schutz vor allzu penetranten Journalisten, die wahrscheinlich schon jetzt das Haus belagern. Sind genug Beamte vor Ort?«

Gächter nickte und fragte: »Gehen wir gleich an die Medien?«

»So schnell wie möglich. Und bitte instruier auch den Pressesprecher. Aber die Hagens halten wir selber auf dem Laufenden, ja? Die sollen nicht aus der Zeitung erfahren müssen, wie sich der Fall entwickelt.«

Bienzle stand auf. »So, und jetzt teilen wir die Ermittlungstrupps ein, die Verwandte, Freunde, Bekannte und Nachbarn der Hagens befragen werden.« Mit einem Mal war die Lethargie von ihm abgefallen. Ab jetzt würde er die Ermittlungen vorantreiben, als stünde er ständig unter Strom. Wenn es sein musste, brauchte er in solchen Situationen keinen Schlaf. Im Gegenteil: Er wurde von Stunde zu Stunde wacher. Er konnte im wahrsten Sinn des Wortes unermüdlich sein. Vielleicht würde es ihm sogar gelingen, die Gedanken an Hannelore auszublenden, aber da war er sich nicht sicher.

»Bisher 487 Hinweise aus der Bevölkerung«, sagte Zielke, als Bienzle den Raum der Sonderkommission betrat. »Knapp über 300 sind überprüft. Kein einziger brauchbarer dabei.«

»Wir lassen nicht locker«, sagte Bienzle. »Jedem einzelnen wird nachgegangen, und wenn's sein muss, dreimal!«

»Well«, sagte Zielke.

»Schwätz Deutsch«, knurrte Bienzle. Er ärgerte sich schon lange über Zielkes Art, ständig englische Brocken in seine Sätze einzuflechten. Seitdem der junge Kommissar einmal einen Lehrgang beim FBI in New York absolviert hatte, pflegte er diese ärgerliche Angewohnheit. Dass sich Zielke sofort verbesserte, machte die Sache nicht erträglicher; denn er sagte nun: »Okay, Chef!«

Ein Mitarbeiter rief herüber: »Da kommt grad ein Anruf aus der Gerichtsmedizin. Der Herr Dr. Kocher wär jetzt so weit.«

Bienzle verließ die Soko und machte sich auf den Weg zum Sezierraum.

Dr. Bernhard Kocher war ein anerkannter Fachmann. Bienzles Verhältnis zu dem Pathologen war früher einmal sehr gut, um nicht zu sagen: freundschaftlich gewesen. Sie waren oft gemeinsam über die Schwäbische Alb oder durch den Schwarzwald gewandert. Bienzle hatte die langen Gespräche mit dem Mediziner genossen. Kocher war ein belesener, gebildeter, gescheiter Mann. Das hatte auch Hannelore imponiert. Es war zu einer kurzen, aber heftigen Affäre zwischen den beiden gekommen, als Bienzle ein paar Monate an der Polizeischule Hiltrup unterrichten musste. Schon nach zwei Wochen hatte Hannelore eingesehen, dass es sich lediglich um ein Strohfeuer handelte, das schnell aufgeflammt und genau so schnell wieder in sich zusammengesunken war. Klüger wäre es sicher gewesen, Bienzle die kurze Liaison zu verschweigen, aber Hannelore fühlte sich von Kind auf zur Ehrlichkeit verpflichtet. Also beichtete sie eines Abends den Seitensprung bei einem Glas Côte du Rhône und trieb Bienzle damit in eine tiefe Depression. Er wurde nicht zornig, er wütete nicht, er saß nur ganz still da und war unendlich traurig. Wortlos trank er sein Glas aus und verschwand im Schlafzimmer. Als Hannelore ihm folgen wollte, war die Tür verriegelt. Und es war ihr, als hörte sie ihn von drinnen weinen.

Inzwischen waren sieben Jahre vergangen, und Bienzle meinte, es seien sieben gute Jahre gewesen. Aber für Hannelore mochte sich das anders darstellen. Er zwang sich, die Gedanken daran zu verscheuchen.

Dr. Kocher begann ohne Gruß und Vorrede, als Bienzle durch die Glastür in den Sezierraum trat: »Bis jetzt keine fremden DNS-Spuren. Aber wir geben noch nicht auf!«
Bienzle nickte. Kocher hob ein Plastiktütchen hoch, in dem sich ein dünnes Gebilde kringelte, das wie ein gelber Faden aussah. »Das da hat uns zuerst hoffen lassen.«
»Was ist das?«, fragte Bienzle.
»Ein Haar.«
»Und damit kann man keinen DNS-Vergleich machen?«
»Reines Kunsthaar. Ziemlich billig hergestellt, sagt der Schober. Stammt von einer Perücke.«
»Der Täter hat also eine Perücke getragen?«
»Könnte sein. Es gibt aber noch etwas Interessantes: Bei der Untersuchung des Mageninhaltes hat sich ergeben, dass das Kind vor seinem Tod Popcorn gegessen hat.«
Plötzlich wurde Bienzle sehr nachdenklich. »Wie Christine Meinhold. – Wo kauft man in Stuttgart Popcorn?«
»In so gut wie jedem Kino«, antwortete der Gerichtsmediziner.
Der Kommissar hob die Schultern. »Ich geh fast nie ins Kino.«
»Ich könnt Ihnen gleich drei Filme empfehlen«, sagte Dr. Kocher.

Vielleicht wäre Hannelore gerne in diese drei Filme gegangen. Ja, wahrscheinlich sogar. Sie hatte auch immer wieder darüber geklagt, dass sie in den letzten Jahren immer seltener ins Theater oder in die Oper gegangen waren. Dabei war doch Bienzle früher einmal ein leidenschaftlicher Operngänger gewesen. Seltsam, wie sich diese Dinge verflüchtigt hatten. Warum eigentlich?

»Hören Sie mir eigentlich zu?«, fragte Kocher.

»Natürlich. Was weiß man über den Todeszeitpunkt?«

»Wir haben kaum Fäulnisspuren festgestellt. Länger als sechsunddreißig Stunden kann das Mädchen also keinesfalls da draußen im Wald gelegen haben.«

»Aber kürzer?«

»Ich gehe – wie schon gesagt – von mindestens zwölf Stunden aus. Irgendwo dazwischen liegt die Wahrheit.«

Bienzle dachte laut nach: »Sie ist gegen 15 Uhr am Freitag verschwunden. Gefunden wurde sie am Sonntag gegen 8 Uhr. Das sind ungefähr vierzig Stunden. Aber wann ist sie umgebracht worden? Wie lang hat der Kerl sie in den Fängen gehabt, bevor er …?« Bienzle verstummte.

»Der Zoologe wird uns da weiterhelfen«, sagte Dr. Kocher. »Es gibt da einen Spezialisten an der Tübinger Universität. Wir haben acht Fliegenlarven sichergestellt, zwischen drei und vier Millimeter lang. Der Professor muss rauskriegen, zu welcher Fliegenart sie gehören und wie ihr Entwicklungsstadium ist.«

Bienzle sah den Gerichtsmediziner aufmerksam an. Jede Methode zur Auswertung von Indizien interessierte ihn brennend.

Kocher fuhr fort: »Bestimmte Fliegenarten riechen über hundert Meter Entfernung Aas und sind bei einer Leiche immer die ersten Besucher. Oft legen sie schon wenige Minuten nach dem Tod ihre Eier ab – in Wunden oder Körperöffnungen.«

Bei allem Interesse – so genau wollte es Bienzle dann doch nicht wissen. Abrupt unterbrach er den Vortrag Kochers: »Sie lassen mir das Ergebnis dann zukommen, ja?«

Bienzle wollte hinaus, aber Kocher hielt ihn auf: »Sie haben gar nicht nach der Tötungsart gefragt.« Bienzle wendete sich noch mal um und schaute Kocher nur fragend an. »Das Mädchen ist zuerst gewürgt und dann mit einem Kissen erstickt worden«, sagte der Gerichtsmediziner.

Bienzle stieß die Luft aus, als ob er sie viel zu lange angehalten hätte. »Noch eine Parallele zum Fall Meinhold also.«

»Da gab's doch damals einen Verdächtigen«, sagte Kocher.

»Ja, Kai Anschütz.« Bienzle seufzte. »Den lass ich jetzt sofort vorladen!«

Eine Viertelstunde später versammelte Bienzle die Mitglieder der Sonderkommission um sich und gab in kurzen Worten wieder, was er von Dr. Kocher erfahren hatte. Er teilte den Kollegen auch mit, dass eine Streife der Schutzpolizei unterwegs sei, um Kai Anschütz zu holen und vorzuführen.

3

Kai Anschütz war neunzehn Jahre alt. Er lebte in einer kleinen Wohnung, die im Hinterhof eines heruntergekommenen Backsteingebäudes auf eine Garage aufgesetzt war. Der Besitzer hatte es sich geschenkt, den Aufbau, den man über eine schmale eiserne Außentreppe erreichte, zu verputzen. Die Garage unter Anschütz' Wohnung wurde von ein paar Motorradfreaks als Werkstatt benutzt. Anschütz selbst verbrachte hier die meiste Zeit des Tages. Er war ein leidenschaftlicher Motocross-Fahrer. Zwar hatte er seine Lehre als Kraftfahrzeugmechaniker abgebrochen, aber bei den Bikern galt er als absolutes Ass. Kai Anschütz hatte noch aus jedem Motor mehr PS herausgekitzelt. Und er war nicht teuer. Da er anspruchslos lebte, genügte ihm, was die Kumpels, die ja auch nicht gut betucht waren, für seine Mechanikerkünste bezahlen konnten. Wenn er nicht in der Werkstatt arbeitete, war Anschütz als Fahrradkurier unterwegs.
Als die beiden uniformierten Beamten den Hof betraten, schraubte Kai Anschütz gerade den Zylinderkopf einer japanischen Maschine ab. Der junge Mann trug nur eine Latzhose auf der nackten Haut und hatte eine Baseballmütze verkehrt herum auf seinen kahl geschorenen Kopf gestülpt. Er stand gebückt neben der Maschine und schaute unter der Achsel hindurch, als er die Schritte der Schutzpolizisten hörte.

»Kai Anschütz?«, las einer der Beamten von einem Zettel ab.
Der junge Mann richtete sich auf und sah die beiden Polizisten aus schmalen Augen an. »Ja?«
»Würden Sie bitte mitkommen?«
»Warum? Liegt was gegen mich vor?«
»Keine Ahnung«, sagte der Beamte, »wir haben lediglich den Auftrag, Sie zum Landeskriminalamt zu bringen.«
In dem heruntergekommenen Backsteinhaus, das vorne an der Straße stand, ging ein Fenster auf. Ein Mann um die siebzig schaute heraus. Er schüttelte ein paar Mal den Kopf und schloss dann das Fenster wieder.
Kai Anschütz reinigte seine ölverschmierten Finger notdürftig mit einem Knäuel Putzwolle. »Den Stundenausfall zahlt mir keiner«, maulte er. Doch er kam ohne Umstände mit.

Den kahlen, kalten Raum kannte er. Hier hatte ihn Hauptkommissar Grossmann vor gut einem Jahr stundenlang gequält und war schließlich auf ihn losgegangen. Kai Anschütz' Nase war seitdem schief. Grossmanns Faustschlag hatte sie gebrochen, und sie war danach nicht wieder richtig zusammengewachsen. Kai Anschütz fror. Er saß auf der vorderen Kante eines einfachen Holzstuhles. Auf der anderen Seite des Tisches stand der gleiche Stuhl. Licht fiel durch ein Band aus Glasbausteinen, das sich dicht unter der Decke etwa einen Meter breit hinzog.
Die Tür ging auf. Ein Mann trat herein. Er hatte einen schmalen Aktenordner unter dem Arm. Der Mann war größer als Grossmann und auch älter. Er hatte ein rundes, freundliches Gesicht, eine Glatze mit einem schmalen

Haarkranz und buschige Augenbrauen. Seine dunklen braunen Augen musterten Anschütz. »Hauptkommissar Ernst Bienzle«, stellte er sich vor.
»Warum bin ich hier?«, fragte Kai Anschütz.
»Wo waren Sie am Freitagnachmittag?« Bienzle legte den Aktenordner auf den Tisch und setzte sich auf den zweiten Stuhl.
»Unterwegs. Mit meiner Maschine. Ich hab trainiert auf der Übungsstrecke. Ich fahre Motocross-Rennen.«
Bienzle schaute Anschütz eindringlich an, sagte aber nichts. Anschütz wurde unruhig unter diesem forschenden Blick.
»Was haben Sie denn?«, fuhr er den Polizeibeamten an.
»Ihre Antwort kam wie aus der Pistole geschossen. Normalerweise muss man doch erst einmal darüber nachdenken, was man wann gemacht hat.«
»Sie sind gut. Mir war doch klar, dass Sie nach dem Mord an dem kleinen Mädchen wieder auf mich kommen.«
»Und deshalb haben Sie sich was zurechtgelegt? Oder kann jemand bestätigen, dass Sie dort waren?«
»Klar, der Pit, mein Kumpel.«
Bienzle schaute ihn skeptisch an. »Haben Sie Elena Hagen gekannt?«
»Nur aus der Zeitung.«
Als der Kommissar nun fortfuhr, sprach er langsam und betonte jede Silbe: »Das Mädchen war genau so alt wie Christine Meinhold, als sie umgebracht wurde!«
Anschütz sprang so heftig auf, dass sein Stuhl nach hinten fiel. »Sagen Sie, was läuft hier eigentlich? Christine Meinhold? Ich bin unschuldig! Das weiß man bei der Polizei.«
»Man hat Ihnen damals nichts beweisen können, das ist was anderes, Herr Anschütz! Indizien gab es genug.«

Anschütz hob den Stuhl auf und stellte ihn hart wieder hin. Er bemühte sich jetzt, halbwegs Ruhe zu bewahren. »Ich bin es nicht gewesen!«

»Warum haben Sie sich denn an dem Kinderspielplatz rumgetrieben?«

»Das ist unser Treffpunkt, schon immer. Ich hab gesehen, die Christine Meinhold hatte ihren Fuß auf dem Klettergerüst eingeklemmt und kam nimmer runter. Die Dinger dürften überhaupt nicht so konstruiert sein, dass so was passieren kann. Ich hab ihren Fuß frei gemacht und hab sie runtergehoben.«

»Aha?!«

»Ja, aha. Und irgend so ein verklemmter Spießer hat da drin gleich eine sexuelle Handlung gesehen.«

»Verschwunden ist die kleine Meinhold auch an einem Freitag, gell?«

»Und deswegen soll ich jetzt die kleine Elena umgebracht haben?«

Bienzle blätterte in der Akte. »2. Juli 2003: Sexuelle Belästigung einer Kollegin am Arbeitsplatz.«

Anschütz warf beide Arme hoch. »Geht das wieder los?«

Bienzle fuhr unbeirrt fort, aus der Akte zu zitieren: »September 2003: Schwere Körperverletzung.«

»Ich lass mir halt nicht alles gefallen. Jetzt schon gar nicht mehr.«

»Was meinen Sie damit?«

»Haben Sie eigentlich eine Ahnung, was passiert, wenn ihr Bullen einen mal in den Klauen gehabt habt?? Alle zeigen mit den Fingern auf dich. Keine Sau hat interessiert, dass ich unschuldig war. Ich hab meinen Job verloren. Meine Freundin hat mich abgeschossen. Die besten Kumpels

haben mich geschnitten. ›Irgendwas wird schon dran sein‹, haben die gesagt. Für die war ich ein Mädchenschänder, egal, was wirklich passiert war.«
Bienzle nickte nur.
»Und jetzt soll ich schon wieder meine Unschuld beweisen, obwohl ich mit der ganzen Scheiße überhaupt nichts zu tun habe! Das ist doch total irre.«
Bienzles Augen verengten sich. Er schob seinen Kopf weit vor und fixierte den jungen Mann. »Dass einer kleine Mädchen umbringt, das ist ›irre‹. Und deswegen müssen wir alle Möglichkeiten in Betracht ziehen, so ist das nun mal!«
Anschütz nickte, als hätte er plötzlich Verständnis für den Kommissar. »Ja, Sie stehen mit dem Rücken zur Wand. Das kenn ich!«
Bienzle musste unwillkürlich lächeln. Er schüttelte leicht den Kopf. »Wo ich steh, weiß ich im Augenblick no net so genau. Auf jeden Fall ganz am Anfang.«
»Und jetzt sperren Sie mich ein. Damit können Sie die aufgeregten Leute beruhigen, nicht wahr?«
»Stimmt!« Bienzle lehnte sich weit zurück und stieß die Kuppen seiner Finger gegeneinander. »Bloß, wenn's dann wieder passiert …«
»Ja, dann haben Sie die Arschkarte gezogen.« Ein Grinsen huschte über Anschütz' Gesicht.
»So könnt man's ausdrücken. Aber wahrscheinlich zieh ich die sowieso.«
»Lassen Sie mich wieder frei?«
»Ich hab keine Handhabe, um Sie hier zu behalten. Es sei denn, Sie legen ein Geständnis ab.«
»Da können Sie lange warten.«

Bienzle stand auf und ging zur Tür. Auf dem Weg sagte er: »Wir behalten Sie im Auge, Herr Anschütz.«
»Glauben Sie denn, ich könnte es gewesen sein?«
Die Frage überraschte Bienzle. Er hatte schon viele hundert Verdächtige vernommen oder verhört. Noch nie hatte einer so gefragt. Als ob es um eine Sache ginge, die er kühl und analysierend von außen betrachtete. »Ja«, sagte Bienzle. »Ich denke, Sie könnten es gewesen sein.«
»Und trotzdem lassen Sie mich laufen?«
»So ist das eben: Nicht Sie müssen Ihre Unschuld beweisen, ich muss beweisen, dass Sie schuldig sind. Und dafür brauche ich Belege.«
Anschütz grinste. »Man könnte fast Mitleid mit Ihnen kriegen!«
»Wär vielleicht net schlecht.« Bienzle ließ den jungen Mann an sich vorbei hinausgehen, holte den Aktenordner vom Tisch und stieg in sein Büro hinauf. Dort trat er ans Fenster und warf einen Blick in den Hof hinab, der auch als Parkplatz für die Dienstfahrzeuge diente. Er war von einer Betonmauer umgeben. Die Ausfahrt lag genau gegenüber dem Hauseingang.
Bienzle kniff die Augen zusammen. Zwischen den Dienstwagen stand ein ziviler Opel Corsa. Den Mann am Steuer konnte er nicht erkennen, aber aus unerfindlichen Gründen packte den Kommissar eine gewisse Unruhe. Er öffnete beide Fensterflügel. Dumpfe Gewitterluft strömte herein. Direkt unter ihm trat Kai Anschütz aus dem Gebäude. Er winkte jemandem. Der Motor des Opel Corsa sprang an. Im gleichen Augenblick bog ein geländegängiges Motorrad auf den Hof ein, wurde von seinem Fahrer in einem eleganten Bogen bis vor die Haustür gefahren und stoppte direkt

neben Kai Anschütz. Der Motorradfahrer und Anschütz klatschten sich ab. Der Mann im Opel Corsa stieß aus der Reihe parkender Fahrzeuge zurück. Kai Anschütz nahm sich den zweiten Sturzhelm, der am Soziussitz festgeschnallt war, stülpte ihn über den Kopf und zog den Riemen fest. Der Opel glitt jetzt auf den Ausgang zu. Als er eine kleine Linkskurve fuhr, erkannte Bienzle den Mann am Steuer. Es war Hartmut Grossmann. Das Motorrad passierte das Auto, und Grossmann nahm die Verfolgung auf. Bienzle stieß einen Fluch aus.

4

Um die gleiche Zeit betrat Kommissar Günter Gächter den Schulhof der Albert-Schweitzer-Schule. Der Unterricht war schon zu Ende. Aber auf den Treppenstufen, die zum Eingang hinaufführten, saßen noch ein paar Mädchen und unterhielten sich angeregt. Gächter trat auf sie zu und zeigte seinen Ausweis. Die Schülerinnen schätzte er auf zwölf bis dreizehn Jahre. Sie waren erkennbar älter als das Opfer des Mädchenmörders. »Ich suche jemanden, der Elena Hagen gekannt hat.«
»Die haben wir alle gekannt«, sagte ein Mädchen mit kurzen blonden Haaren und erstaunlich blauen Augen.
Gächter setzte sich zu den Kindern auf die Treppenstufen.
»Ihr wisst ja, was passiert ist?«
Die Mädchen nickten nur.
»Habt ihr sie am Freitag noch gesehen?«
»Ja, ich«, sagte ein Mädchen.
»Wie heißt du?«
»Janine.«
»Ich hab sie auch gesehen«, sagte eine andere Schülerin.
»Und dein Name?«
»Eva Nestler.« Sie hatte ihre schwarzen Haare in einem Pferdeschwanz zusammengebunden. Die dichten Fransen über der Stirn bedeckten ihre Augen fast vollständig.
»Wann war das genau?«, fragte Gächter.
»Um halb drei war Schluss«, antwortete Eva Nestler.

»Womit? Ihr seid doch nicht in derselben Klasse.«
»Aber in der Theatergruppe«, meldete sich Janine. »Wir proben ›Alice im Wunderland‹, und Elena hat die Alice gespielt. Die ist super begabt.«
Eva Nestler zog eine geringschätzige Grimasse. »Sagt der Madlung!«
»Und wer ist der Herr Madlung?«, wollte Gächter wissen.
»Unser Musiklehrer. Der leitet die Theatergruppe.«
Gächter notierte sich den Namen. »Seid ihr zusammen mit Elena weggegangen?«
»Nein«, sagte Janine, »der Herr Madlung hat ja noch allein mit ihr geprobt.«
Gächter dankte den Mädchen und betrat das Schulhaus. Lange Gänge, breite Treppen. Die grün gestrichenen Türen zu den Klassenzimmern standen offen. Es roch nach Putzmitteln. Seine Schritte auf dem Steinfußboden hallten. Die Wände waren bis zu seiner Schulterhöhe mit Ölfarbe gestrichen. Gegenüber jeder Klassenzimmertür waren Garderobenhaken an den Wänden angebracht.
Gächter stieg in den ersten Stock hinauf. Schon auf den letzten Treppenstufen hörte er das Klavier. Er verstand nichts von Musik. Aber dass dies ein melancholisches Stück war, erkannte sogar er. ›Vielleicht nennen die Fachleute so etwas eine Elegie‹, dachte er, ›und wahrscheinlich ist es in Moll.‹ Die Tür stand halb offen. Gächter stippte sie mit dem Zeigefinger an, sie schwang lautlos nach innen auf.
Ronald Madlung saß mit dem Rücken zur Tür an einem Flügel. Den Kopf, der leicht hin und her pendelte, hatte er weit nach vorne gesenkt. Jetzt nahm er die linke Hand von den Tasten und ließ den Arm dicht am Körper leicht hin und her schwingen. Er spielte mit der rechten Hand die

Melodie, ohne Begleitung, nur in den Einzeltönen. Als sie verklungen war, räusperte sich Gächter. Der Musiker fuhr herum. Er hatte ein hohlwangiges Gesicht. Die dunkelbraunen Augen lagen tief in den Höhlen. Um die Mundwinkel hatten sich scharfe Falten eingegraben. Sein Alter war schwer zu schätzen. Die kastanienbraunen Haare waren auf Streichholzlänge gestutzt und standen ohne erkennbare Ordnung nach allen Seiten vom Kopf ab.
Gächter stellte sich vor und zeigte seinen Dienstausweis. Madlung warf keinen Blick darauf. Er sagte nur: »Ja, bitte?« Seine Stimme klang leise und brüchig.
»Ich würde Sie gerne wegen Elena Hagen sprechen«, sagte Gächter.
Madlung nickte. Er hatte nichts anderes erwartet. »Ich habe es vor einer Stunde erfahren. Ich habe das Kind sehr gemocht. Elena hatte so ein freundliches und offenes Wesen.«
Gächter sah sich um. Offenbar wurde in dem Musiksaal auch das Theaterstück eingeübt. An der Wand standen ein paar Kulissen. An einem eigens aufgestellten Garderobenständer hingen Kostüme. Auf einem Sideboard lagen drei oder vier Perücken. »Ein Mädchen aus Ihrer Theatergruppe hat mir erzählt, Elena sei am Freitag nach der Probe noch bei Ihnen gewesen.«
Madlung nickte. »Wir haben ihr Lied aus dem ersten Akt noch mal probiert. Sie hatte eine so wunderschöne Stimme, aber große Probleme, die Melodie zu lernen und die Töne zu halten.«
»Ist Ihnen irgendetwas an dem Kind aufgefallen?«
»Nein – oder doch. Sie war wohl ein bisschen unkonzentriert.«

»Haben Sie das Mädchen darauf angesprochen?«
»Ja, ich habe sie gefragt: ›Was ist denn heute mit dir?‹«
»Und?«
»Sie hat reagiert, wie Kinder eben reagieren. ›Nichts, nichts‹, hat sie gesagt, ›was soll denn sein?‹ Aber auf mich wirkte sie doch stark verändert. Deshalb habe ich sie, als sie wegging, noch einmal gefragt. Ich habe gesagt: ›Was hast du denn? Ist das so ein Geheimnis?‹ Darauf hat sie nur heftig genickt und ist davongerannt.«
Gächter war während der Unterhaltung zu dem Sideboard gegangen und hatte sich mit dem Rücken dagegen gelehnt.
»Hatten Sie zu Elena ein besonderes Verhältnis?«
»Wie meinen Sie das?«
»Na ja, sie war ja wohl ziemlich begabt. Und da kommt es schon vor, dass einem so ein Kind besonders ans Herz wächst.«
Ein elegisches Lächeln erschien auf Madlungs Gesicht. »Ich versuche gerecht und neutral zu sein. Trotzdem gibt es natürlich so etwas wie Lieblingsschüler. Wäre ja unsinnig, das zu leugnen.«
»War Elena Hagen so eine Lieblingsschülerin für Sie?«
»Ja ... Ja, das war sie wohl ...« Madlung wendete sich wieder dem Klavier zu. Er spielte jetzt eine fröhliche Melodie an und sang mit einer samtweichen Baritonstimme dazu: »Was ist dies für ein fremdes Land? Voller Wunder – unbekannt. Alles sieht hier anders aus, bin ganz fremd und doch zu Haus.«
Gächter nutzte die Gelegenheit, um mit Daumen und Zeigefinger aus den Perücken einzelne Haare zu ziehen.
»Das war das Lied, das wir noch mal geübt haben«, sagte Madlung.

Als er sich dem Lehrer wieder zuwandte, sah Gächter, dass sich ein paar Tränen aus den Augen des Lehrers stahlen.
»Hübsch«, sagte Gächter, nur um etwas zu sagen. »Von wem ist das?«
»Von mir. Ich habe eine neue Textfassung gemacht und auch die Melodien dazu geschrieben.«
Gächter dachte, Bienzle werde sich ärgern, dass er diese Befragung nicht selbst durchgeführt hatte. Er verstand etwas von Musik, und es hätte ihn bestimmt interessiert, diesen Komponisten kennenzulernen. Er sagte es Madlung. Wieder überzog dieses elegische Lächeln das Gesicht des Musiklehrers. »Vielleicht lerne ich Ihren Kollegen ja auch einmal kennen.«
»Gibt es Fotos von Ihrer Theatergruppe?«, fragte der Kommissar.
»Ja, sicher.« Madlung erhob sich von seinem Klavierhocker. Nun sah Gächter, dass der Lehrer fast so groß war wie er selbst. Seine Bewegungen waren elegant, seine Schritte waren die eines Tänzers. Er ging zu einem Tisch und zog eine Schublade auf. Gächter nutzte die Situation, um die Perückenhaare in einem Klarsichtbeutel zu versenken.
Madlung kam mit einem kleinen Stapel Fotos zurück und reichte ihn Gächter. Der Kommissar blätterte die Aufnahmen durch, bis er eine fand, auf der vor allem Madlung gut zu sehen war, umgeben von seinen Schülern. »Kann ich das haben?«
»Bitte. Ich hätte es nur gerne wieder zurück.«

5

Die Schicht hatte um 19 Uhr gewechselt. Zielke und Tanja Hohmann hatten noch bis gegen 22 Uhr gearbeitet. Als sie gingen, waren ihre Gesichter grau und ihre Bewegungen müde. Das lag nicht nur daran, dass sie ohne Pause durchgearbeitet hatten, es lag auch an der Erfolglosigkeit ihrer Bemühungen. So hatte es sich zum Beispiel schnell erwiesen, dass das Perückenhaar, das Gächter bei Madlung mitgenommen hatte, nicht zu jenem passte, das Schober bei der Kinderleiche gefunden hatte. Gächter bestand dennoch darauf, den Musiklehrer weiter im Auge zu behalten.
Auch die anderen Ermittlungen hatten sie noch keinen Schritt weitergebracht. Immer mehr Hinweise aus der Bevölkerung waren eingegangen. Manche schienen etwas zu versprechen und entpuppten sich dann doch als Fehlspur. Andere waren so abstrus, dass kein Beamter ihnen nachgegangen wäre, wenn Bienzle nicht darauf bestanden hätte.

Bienzle hatte gegen 23 Uhr den Raum der Sonderkommission verlassen und gesagt, er werde in seinem Büro noch weiterarbeiten.
Dort saß er nun. Nur eine Schreibtischlampe brannte und zeichnete einen hellen Lichtkreis auf die Tischplatte. Bienzle war unruhig. Er schob fahrig die Berichte seiner Mitarbeiter auf dem Schreibtisch hin und her, nahm einen in die Hand, las die ersten Sätze und legte das Papier wieder

weg. »Trostlos«, stieß er plötzlich hervor, und er wusste selber nicht, ob er die Ermittlungen meinte oder seine eigene Situation. Bienzle stand auf, ging zum Fenster und riss es auf. Aber es drang nur schwere schwüle Luft herein. Der Kommissar lief im Zimmer auf und ab wie ein gefangenes Tier in seinem Käfig. Er trat mit dem Fuß gegen ein Stuhlbein. »Wenn man wenigstens einen Anfang hätte, irgendetwas, irgendeinen Punkt, von dem aus man weiterdenken könnte.« Er blieb stehen und drückte die Handballen in die Augenhöhlen. »Jetzt schwätz i scho mit mir selber!«
Natürlich konnte es Kai Anschütz gewesen sein. Bienzle ärgerte es, dass er selbst nicht daran glauben konnte. Grossmann hatte ja womöglich Recht.
Bienzle schloss das Fenster wieder, nahm seinen Hut vom Haken und wollte gerade das Zimmer verlassen, als Gächter hereinkam. »Grossmann hat Anschütz verfolgt«, sagte der Kollege.
»Ja, ich hab's gesehen.«
»Aber Anschütz hat ihn abgehängt. Sein Kumpel, der ihn mit dem Motorrad abgeholt hat, ist beim Leuzebad über die Fußgängerbrücke auf den Cannstatter Wasen hinüber ...«
»Mit dem Motorrad?«
»Der Typ ist Motocross-Fahrer – genau wie Anschütz.«
»Und woher wissen wir das?«
»Grossmann hat es Schreitmüller erzählt. Die beiden sind gute Freunde.«
Bienzle nickte. Das wusste er. Aber er hatte es nie verstanden. Grossmann war ein emsiger Arbeiter, zielorientiert, stur und darin Bienzle gar nicht so unähnlich. Niederlagen konnte er nicht akzeptieren. Das unterschied ihn freilich von Bienzle. Aber Grossmann war ein guter Ermittler. Schreitmüller da-

gegen war über den Rang des Oberkommissars nie hinausgekommen. Das lag vor allem daran, dass man sich auf das, was er sagte, nie verlassen konnte. Schreitmüller, gut 1,90 Meter groß und viel zu schwer, musste sich immer in Szene setzen. Für einen guten Spruch, der ihm die Aufmerksamkeit der Kollegen einbrachte, nahm der Schwadroneur jede Lüge in Kauf. Kaum hatte jemand begonnen, etwas zu erzählen, nahm Schreitmüller ihm das Wort aus dem Mund und trumpfte mit eigenen Erlebnissen auf. Als Gächter zum Beispiel nach einer Kuba-Reise erzählt hatte, wie viel Elend er dort gesehen habe, fuhr Schreitmüller dazwischen: »Son Quatsch. Die Leute dort sind immer gut drauf. Die singen und tanzen und sind vierundzwanzig Stunden am Tag fröhlich. Hab ich mit meinen eigenen Augen gesehen. Ich hab ja selber mitgetanzt.«
Tatsächlich hatte der Oberkommissar die halbe Welt bereist. Seine ganzen Ersparnisse gingen für seine touristischen Abenteuer drauf. Aber er war der lebende Beweis dafür, dass Reisen nicht unbedingt bilden muss. Schreitmüller reiste stets nur mit geführten Gruppen. Und wenn er zurückkam, wusste bald jeder Kollege, wie viel Biere er in Burma getrunken hatte oder welchen angesehenen mitreisenden Professoren er wieder einmal erklärt hatte, wie die Verhältnisse in dem Gastland wirklich waren. Dabei konnte er durchaus auch witzig sein. So erklärte er den Kollegen schon mal so ganz nebenbei: »Der Columbus, das war doch 'n Trottel, der hätte vor Madeira nur links abbiegen müssen, dann hätte er Indien gefunden. Die dort haben doch schon auf ihn gewartet.«
Dass Schreitmüller seiner Sonderkommission zugeteilt worden war, empfand Bienzle als Strafe. Bei den Bespre-

chungen ließ er ihn bewusst links liegen. Grossmann hatte es deshalb sicher leicht, den Kollegen Schreitmüller anzuzapfen, um stets über den Stand der laufenden Ermittlungen informiert zu sein.
»Ich geh noch mal bei dem Grossmann vorbei«, sagte Bienzle zu Gächter.
»Was denn, jetzt noch?«
»Warum nicht. Der kann genauso wenig schlafen wie ich.«
Gächter sah Bienzle ins Gesicht. Dessen Augen waren von den schweren Lidern halb bedeckt. Auf seinen Wangen hatten sich tiefe Furchen eingegraben, die Gächter bisher noch nie aufgefallen waren. Auf den Jochbeinen hatten sich hektische rote Flecken gebildet.
»Du solltest heimgehen und eine Runde schlafen«, sagte Gächter.
»Schlafe kann i no, wenn i tot ben.« Bienzle legte Gächter kurz die Hand auf die Schulter und ging hinaus.
»Blöde schwäbische Sprüche«, sagte Gächter zu der Tür, als sie hinter Bienzle ins Schloss gefallen war, und ging zu seinem Schreibtisch.

Grossmann hatte sich ein Weinberghäuschen ausgebaut, das unterhalb der Wangener Höhe lag. Allerdings gab es dort schon lange keine Weinberge mehr, sondern nur Obst- und Gemüsegärten. Bienzle war früher schon einmal da gewesen. Weil er selbst ein unpraktischer Mensch war, der keinen Nagel gerade in die Wand schlagen konnte, hatte er großen Respekt vor Leuten, die handwerklich geschickt waren. Hartmut Grossmann hatte sein Häusle komplett in »Eigenleistung«, wie er das nannte, zu einem

Vierzimmer-Schmuckstück mit Küche und Bad gemacht. Das war, nachdem vor drei Jahren überraschend seine Frau gestorben war. Er hatte sich damals stark verändert. Grossmann war eigentlich immer ein geselliger Mensch gewesen. Ein guter Skatspieler, ein verlässlicher Kollege. Zwar konnte er kurz angebunden sein und unwirsch reagieren, wenn es einmal nicht nach seinem Kopf ging. Aber er sprang andererseits jederzeit ein, wenn ein Kollege ihn darum bat. Und seine technischen Fertigkeiten stellte er nur zu gerne zur Verfügung. Es gab vermutlich keinen Beamten im näheren Umkreis Grossmanns, dessen Auto er nicht schon einmal repariert hatte.
Sein Häusle hatte er ganz alleine hergerichtet. Hilfsangebote hatte er barsch abgelehnt. Nur Schreitmüller durfte gelegentlich dabei sein, Mörtel anrühren, Steine schleppen und Grossmanns Bier trinken.
Als Bienzle seinen Wagen am Fuß der schmalen Treppe abstellte, die zwischen Beerensträuchern zu Grossmanns Anwesen hinaufführte, brannte noch Licht hinter einem Fenster des Weinberghäuschens. Der Kommissar öffnete das unverschlossene Gartentörchen und stapfte hinauf. Immer, wenn er eine Staffel oder Treppe erklimmen musste, zählte er die Stufen. Und wenn er meinte, sich verzählt zu haben, kehrte er um und begann noch mal ganz von vorne. Es waren exakt neunzig Stufen. Es hätte ihn auch gewundert, wenn Grossmann beim Bau der Treppe nicht darauf geachtet hätte, auf eine runde Zahl zu kommen.
Bienzle erreichte die Terrasse, die der Besitzer mit Steinplatten aus der Toskana gefliest hatte. Das erleuchtete Fenster war tief in eine dicke Sandsteinmauer eingelassen. Der Kommissar erinnerte sich, wie stolz Grossmann darauf

gewesen war, dass er sie ganz alleine hochgezogen hatte. Durch das Fenster konnte man den Hausbesitzer an einem schweren Holztisch sitzen sehen. Vor sich mehrere aufgeschlagene Aktenordner. Bienzle klopfte gegen die Scheibe. Grossmanns Kopf fuhr ruckartig hoch. Dann sprang der untersetzte Mann auf, öffnete einen Fensterflügel und rief: »Wer ist das?«
»Ich bin's, der Bienzle.«
»Haben Sie sich's also doch überlegt.« Grossmann ging zur Tür und schloss auf.
Bienzle bekam ein kühles Bier. Das erste Glas trank er in wenigen Zügen aus. Als er sagte: »Das Wetter macht Durst«, klang es, als wollte er sich entschuldigen.
»Es kommt noch ein Gewitter diese Nacht!«, sagte Grossmann. Er deutete auf die Akten. »Ich hab mir damals Kopien gemacht.«
»Eigentlich net erlaubt«, meinte Bienzle.
»Wo kein Kläger ist, ist auch kein Richter.«
Bienzle sagte nichts dazu. Er wollte bestimmt nicht der Kläger sein. Der Richter noch viel weniger. Sein Blick war an drei Bildern hängen geblieben, die auf einem schmalen Brett an der Wand aufgestellt waren. »Meine Enkelkinder«, sagte Grossmann. »Drei Mädchen. Elf, acht und sieben Jahre alt.«
Bienzle hatte nicht gewusst, dass Grossmann Enkel hatte. Im Dienst interessierte man sich kaum für das Privatleben der Kollegen. Es sei denn, man war so gut befreundet wie er und Gächter.
»Wenn man sich vorstellt, eins der Kinder könnte ...« Grossmann unterbrach sich.
»Ich versteh Sie«, sagte Bienzle. Er trank den nächsten Schluck Bier direkt aus der Flasche. »Trotzdem ...«

»Was trotzdem?«, fuhr Grossmann auf.
»Sie haben heut' den Anschütz verfolgt.«
»Man muss an ihm dranbleiben«, Grossmann schob seinen schmalen Kopf weit vor. »Er macht einen Fehler. Den macht der hundertprozentig! Und dann muss jemand da sein.«
»Sie sollten die Ermittlungen uns überlassen, Herr Grossmann.«
»Mach ich doch! Es ist ja nix weiter als eine kleine Hilfeleistung …«
»Herr Grossmann …«
»Jeder Bürger ist zur Mithilfe aufgerufen, stimmt's?«
»Ja, natürlich, aber …«
»Kein Aber. Ich bin ein Bürger wie jeder andere. Nur dass ich vielleicht ein bisschen mehr davon verstehe, wie man so einem Triebtäter beikommen kann.«
Bienzle schüttelte den Kopf. »In so einem Fall kann man nicht zweigleisig fahren.«
»Aber ich hab noch eine persönliche Rechnung offen«, sagte Grossmann. »Der Kerl ist ein Kindermörder. Ich weiß das. Er läuft frei herum und mordet weiter. Und ich hab bloß deshalb, weil ich das genau weiß, meinen Job verloren. Herr Bienzle, Sie wissen, ich war gern Polizist.«
Bienzle nickte. »Und Sie waren ein guter Beamter. Ich hab mich damals für Sie eingesetzt, das werden Sie ja wohl noch wissen.«
»Ja, und das vergesse ich Ihnen auch nie.«
»Gut. Dann hören Sie jetzt bitte auf meinen Rat …«
Grossmann ließ Bienzle nicht weitersprechen. »Nein«, sagte er entschieden, zog einen Aktenordner zu sich heran und trommelte mit der Kuppe seines Zeigefingers darauf

herum. »Ich werde beweisen, dass der Anschütz der Kindermörder ist.«

»Sie sind zu fanatisch, Grossmann. Fanatismus macht blind!«

Grossmann reichte Bienzle eine neue Flasche Bier. »Ich geh da ganz sachlich heran. Ich weiß genau, in so einem Fall braucht man kühles Blut und einen klaren Verstand.«

»Schwätzet Se net daher wie der Schreitmüller!« Bienzle schob die Bierflasche zurück. Draußen hörte man das ferne Grollen eines nahenden Gewitters. »Übrigens, wenn der Ihnen weiter Informationen zukommen lässt, schmeiß ich ihn raus aus der Sonderkommission.« Bienzle stand auf und ging zur Tür.

»Ich werde Ihre Ermittlungen nicht stören«, sagte Grossmann, »aber stillhalten werd ich auch nicht. Ich könnte mir das nie verzeihen, wenn der Anschütz noch mal ein Mädchen umbringen würde.«

Bienzle sagte nichts dazu. Der Besuch war vergeblich gewesen. Dieser Mann war unbelehrbar. »Gut Nacht, Kollege Grossmann!«

Der Kommissar verließ das Weinberghäusle. Als er auf die Terrasse hinaustrat, fielen erste schwere Tropfen. Bienzle drückte seinen Hut in die Stirn und schritt die neunzig Stufen hinab. Ein greller Blitz zuckte über den nachtschwarzen Himmel. Ein lauter Donnerschlag folgte fast im gleichen Moment. Das Gewitter musste direkt über ihm sein. Dennoch beschleunigte der Kommissar seine Schritte nicht. Im Gegenteil. Er blieb sogar stehen, sah zu den Wipfeln der Bäume hinauf, die Grossmanns Grundstück begrenzten. Sturmböen fuhren in das dichte Blattwerk. Die Stämme bogen sich im Sturm und gaben seltsame Töne von sich, als ob die Bäume stöhnten. Bienzle stand breitbeinig auf einer der Steinstufen und rührte sich nicht. Er dachte auch nichts. Er stand nur so da und fühlte sich, als wäre er selbst ein Teil dieses Unwetters, das um ihn herumtobte. Nach einer Weile drehte er sich um und sah zu Grossmanns Haus hinauf. Der ehemalige Kollege war wie ein Schattenriss im gelben Lichtfeld des Fensters zu sehen. Bienzle war sich sicher: Der dort oben würde in dieser Nacht keinen Schlaf finden. Genauso wenig wie er.

Die Scheibenwischer schafften es fast nicht, die Regenfluten von der Frontscheibe zu schieben. Das Gewitter war das Neckartal hinuntergezogen, aber der schwere Regen hatte noch immer nicht aufgehört.
Bienzle fuhr in die Schützenstraße. Er betrat seine Wohnung und zog den nassen Hut vom Kopf. Achtlos warf er ihn auf die Ablage über der Flurgarderobe. Dann zog er seine Jacke und seine Hose aus und tappte in die Küche. Er öffnete den Kühlschrank, nahm ein Stück Schinkenwurst heraus, öffnete ein Senfglas, tunkte das Wurststück hinein und biss ab. Wenn er alleine war, vergaß er schnell die Tischsitten, die ihm seine Eltern einst beigebracht hatten. Er öffnete eine Flasche Spätburgunder und goss sich ein Glas ein.
»Wenigstens bischt no net so verkomme, dass du den Wei au scho aus dr Flasch drenkscht«, sagte er und ärgerte sich sofort darüber, dass er schon wieder mit sich selber sprach. Er sah auf die Uhr. Es war kurz vor zwei. Noch immer stand er in Unterhosen und auf Strümpfen in der Küche – ratlos, was er mit sich anfangen sollte. Schließlich ließ er sich ein Bad ein und legte sich in die Wanne.

Irgendwann musste er eingeschlafen sein. Als er wieder zu sich kam, war es kurz nach drei Uhr. Er fror. Das Wasser war längst abgekühlt. Bienzle starrte seine Finger an. Die Haut war faltig zusammengeschrumpft. Waschfrauenhände hatte seine Mutter das früher genannt. Wenn sie ihn so gesehen hätte, wäre sie mit ihrer ganzen Strenge über ihn hergefallen. »Sei kei so a Waschlappe«, hätte sie vermutlich geschimpft. »Überlass dich bloß net deinem Selbstmitleid. Es gibt tausendmal Schlimmeres als des, was du jetzt erlebst.«
Bienzle stemmte sich aus der Wanne. »Hascht ja Recht«, sagte er laut. Er zog ein Nachthemd an und legte sich ins Bett. Aber er fand keinen Schlaf.

6

Kurz nach sieben Uhr am nächsten Morgen verließ Bienzle die Wohnung. Sein Vermieter schien nur auf ihn gewartet zu haben. Rominger stand in der halb offenen Wohnungstür im ersten Stock. »Sie sind aber bald dran«, sagte er.
»Sie ja auch«, antwortete Bienzle und wollte an ihm vorbei.
Aber Rominger hielt ihn auf: »Was kommt eigentlich nach dem Hauptkommissar – aufwärts, mein ich.«
»Erster Hauptkommissar, aber des ben i schon«, gab Bienzle brummig zurück.
»Und danach?«
»Die gehobene Laufbahn. Kriminalrat und so weiter ...«
»Ond des wär dann so wie Studienrat zum Beispiel?«
»Ganz recht.« Bienzle stieg weiter die Treppe hinab.
»Also Kriminalrat, hent Sie gsagt?«
Bienzle blieb noch mal stehen. »Ja, warum?«
»Weil ich dann amal im Internet gucke kann, was so oiner verdient.«
»Und warum interessiert Sie des?«
»Na ja. Sie zahlet ja scho seit drei Jahr gleich viel Miete, und die liegt pro Quadratmeter 20 Cent unterm Mietspiegel.«
Bienzle schenkte es sich, darauf zu antworten. Wenn Hannelore nicht zu ihm zurückkehren würde, wollte er sich sowieso eine kleinere Wohnung suchen.

Eine halbe Stunde später betrat der erste Hauptkommissar Ernst Bienzle den Raum der Sonderkommission. Irgendetwas musste sich verändert haben. Alle standen um einen Tisch, der gegen die Wand geschoben worden war. Schober, der Leiter der Spurensicherung, mittendrin. Als er Bienzle sah, rief er aufgeregt. »Da, schau dir das an!«
Auf dem Tisch lag ein Leinensack. Der Inhalt war säuberlich aufgeschichtet. »Was ist das?«
»Das sind die Kleider, die Elena Hagen vermutlich am Tag ihrer Entführung getragen hat. Sie passen zur Beschreibung der Eltern. Und die Fingerabdrücke von Elena sind einwandfrei nachweisbar.«
Bienzle spürte, wie ihn die Erregung erfasste. »Woher kommt das?«
»Ein Mann von der Stadtreinigung hat den Sack gefunden. Sie haben die Neckarböschung sauber gemacht, und dabei sind sie drauf gestoßen.«
»Wo genau?«
»Bei Untertürkheim. Unter der Brücke zum Inselbad.«
Bienzle trat zu der Karte, die Zielke an die Wand gepinnt hatte, einem genauen Stadtplan von Stuttgart. Der Fundort der Leiche war mit einem Fähnchen gekennzeichnet; ebenso der Ort, wo man vor einem Jahr Christine Meinhold gefunden hatte. Auch Kai Anschütz' Adresse war markiert, ebenso der Spielplatz, wo Anschütz mit Christine gesehen worden war, und die Albert-Schweitzer-Schule. Bienzle studierte die Karte. Er deutete mit dem Zeigefinger auf den Fundort von Elena Hagens Leiche und fuhr dann einem kleinen Sträßchen nach, das zu der Brücke beim Inselbad führte. »Untertürkheim. Da ist die Brücke, und da ist die Kaiserstraße, wo der Kai Anschütz jetzt wohnt.«

»Und zur Wangener Höhe hinauf, wo wir die Leiche gefunden haben, ist es auch nicht weit«, sagte Zielke.
»Könnte passen«, sagte Gächter.
»Was heißt da ›könnte‹? Das passt wie'n alter Latschen an meine Schweißfüße«, dröhnte Schreitmüller.
Bienzle fuhr ärgerlich herum, wollte Schreitmüller scharf antworten, hielt dann aber plötzlich inne und sagte: »Was ist das denn?« Sein Blick war auf eine etwa fünfundzwanzig Zentimeter hohe Spieluhr gefallen. Schober drehte den Schlüssel und löste einen Haken. Eine kleine Melodie erklang, und zu der Musik drehte sich eine Tänzerin in einem rosa Tüllkleid oben auf der Spieluhr um sich selbst. Die Figur trug ein Krönchen. Sie sollte wohl eine Prinzessin darstellen.
»Das war auch in dem Sack«, sagte Schober.
»Ist der Fundort von dem Sack gesichert?«, wollte Bienzle wissen.
»Ja, was denkst denn du? Obwohl: Wir gehen davon aus, dass er von der Brücke runterg'worfen worden ist. Vielleicht sogar aus einem fahrenden Auto.«
»Oder von einem fahrenden Motorrad«, warf Gächter ein.
Bienzle gab Anweisung: »Macht einer gleich Fotos von allem?«
Zielke meldete sich: »I do it. No problem, Chef!« Als er das Gesicht seines Chefs sah, verbesserte er sich sofort: »Wird gemacht, Herr Bienzle.«

Das Ehepaar Meinhold wohnte in der Ludwigstraße, die im Westen Stuttgarts gerade und steil nach Süden hinaufführte. Als Bienzle die schmale Fahrbahn zwischen den sechsstöckigen Häusern den Berg hinauffuhr, erinnerte er sich daran, dass die Familie Hagen nur wenige hundert Meter entfernt wohnte. Er hielt vor einem Backsteingebäude, das vermutlich in den zwanziger Jahren des 20. Jahrhunderts entstanden war. Die Familie Meinhold wohnte im zweiten Stock. Der Kommissar klingelte.

Als sich eine Frau über die Gegensprechanlage meldete, sagte er: »Bienzle, Kripo Stuttgart, darf ich bitte reinkommen?« Die Frauenstimme antwortete nicht, aber der Summer ertönte, und Bienzle drückte die Tür auf. Ein gepflegtes Treppenhaus empfing ihn. Auf den Holzstufen der Treppe lag ein roter Sisalläufer. Der Handlauf des dunkelbraunen Holzgeländers wirkte wie frisch poliert.

Als Bienzle den zweiten Stock erreichte, erwartete ihn eine Frau Mitte dreißig. Sie trug ein blaues Sommerkleid. Ihre blonden Haare hatte sie hochgesteckt. Die Frau war unverkennbar schwanger.

»Tut mir leid, dass ich Sie belästigen muss«, sagte der Kommissar, »aber Sie haben ja sicher gehört, was passiert ist. Und mit dem neuen Fall stellen sich halt auch wieder neue Fragen.«

»Aber Sie finden keine Antworten!« Ihr Ton war bitter. Gleichwohl machte sie eine einladende Geste, und Bienzle ging an ihr vorbei in die Wohnung hinein.

Frau Meinhold schloss die Tür hinter ihm. »Jetzt ist es schon fast ein Jahr her, seit unsere Christine ...« Sie schaffte es nicht, den Satz zu vollenden.

Bienzle sagte: »Ich hab ja damals nicht ermittelt. Was war sie denn für ein Kind, Ihre Christine?«

»Wie meinen Sie das?«

»War sie – wie soll ich sagen? – eher sportlich oder eher verträumt? Hatte sie viele Freundinnen, oder war sie lieber allein?«

Frau Meinhold setzte sich auf die vordere Kante eines Ledersofas und wies mit einer einladenden Geste auf einen Sessel aus dem gleichen Material. »Verspielt war sie. Manchmal hab ich gedacht, sie lebt in ihrer eigenen Traumwelt.«
Bienzle setzte sich. »Wie äußert sich denn so was? Ich hab leider keine Kinder ...«
»Sie hat sich immer Geschichten erzählt – Geschichten, in denen sie auch selber vorgekommen ist. Als Prinzessin meistens oder als berühmte Künstlerin oder so ...«
»Ich verstehe.« Bienzle schaute Frau Meinhold voller Bewunderung an. »Ich finde es schön, dass Sie wieder ein Baby bekommen.«
Zum ersten Mal lächelte sie. »Zuerst hab ich das auch gut gefunden, aber jetzt ...« Sie schüttelte den Kopf. »Die Angst ... Jetzt, wo es wieder passiert ist ... Ich habe solche Albträume.«
»Und Ihr Mann?«
»Ich weiß nicht. Er kann sich irgendwie gar nicht darauf einstellen, dass wir wieder ein Baby bekommen. Er lebt in seinen Gedanken immer noch mit Christine. Ich darf nicht einmal ihr Zimmer aufräumen, geschweige denn neu einrichten.«
»Kann ich das Zimmer mal sehen?«, fragte Bienzle.
Frau Meinhold stand auf, drückte beide Hände flach gegen ihren Rücken und ging durch einen langen Korridor, in dem der gleiche rote Sisalläufer lag wie im Treppenhaus, zu einer weiß gestrichenen Tür. Sie öffnete und ließ Bienzle den Vortritt. »Da, sehen Sie selbst!«
Es war ein typisches Mädchenzimmer. Auf dem Bett saßen mindestens zwölf Plüschtiere, auf einem Regal gut ein halbes Dutzend Puppen, und mitten zwischen ihnen stand

eine Spieluhr, die exakt so aussah wie jene, die Schober unter den Sachen von Elena Hagen gefunden hatte. Bienzle trat an das Regal und entriegelte das Spielwerk. Die Walze lief nur noch wenige Drehungen. Die Prinzessin im Tüllkleid drehte sich wie in Zeitlupe. Die Musik trudelte aus, und die Figur blieb stehen. Die wenigen Takte, die noch verzerrt zu hören gewesen waren, genügten Bienzle, um zu erkennen, dass es die gleiche Melodie war, die er am Morgen schon einmal gehört hatte, als Schober die Spieluhr vorführte.
»Wer hat ihr das geschenkt?«
Frau Meinhold hob die Schultern. »Mein Mann, glaube ich. Er hat die Christine so mit Geschenken überhäuft, dass ich es oft gar nicht mitgekriegt habe.«
»Können Sie sich noch erinnern, wann das war?«
»Das muss kurz vor Tines Tod gewesen sein.«
»Wissen Sie, wo Ihr Mann das Spielzeug gekauft hat?«
»Ist das denn so wichtig?«
Bienzle zwang sich zur Ruhe: »Das Dumme ist, wir wissen am Anfang immer nicht, was wichtig ist oder noch mal wichtig werden kann.«
»Mein Mann arbeitet im Rathaus. Gleich gegenüber ist ein Spielwarengeschäft …«
Bienzle nickte. Er kannte den Laden. Jeder in Stuttgart kannte Spielwaren Kurz.

Telefonisch hatte er Gächter gebeten, das traditionsreiche Spielwarengeschäft aufzusuchen. Sie wollten sich danach treffen, um gemeinsam mit Herrn Meinhold zu sprechen.
Bienzle stellte seinen Dienstwagen am Taxistand ab und zeigte den wenigen Fahrern seinen Dienstausweis. Platz war

um diese Zeit hier genug. Langsam ging er über das gepflasterte Geviert, blieb dann aber plötzlich stehen. Eine Frau redete auf ein kleines Mädchen ein. Das Kind war vielleicht fünf Jahre alt. Es saß auf einem Fahrrad mit Stützrädern. Die Frau, vermutlich die Mutter des Mädchens, beugte sich zu dem Kind hinunter und erklärte ihm offenbar, dass sie gleich wieder zurück sei. Das Kind rief laut »Ist guuuhuuut« und fing sofort an, Kreise zu fahren, die immer größer wurden. Die Mutter betrat einen Laden. Bienzle schritt weiter auf das Spielwarengeschäft zu, hielt aber erneut inne, als plötzlich ein Mann breitbeinig vor dem kleinen Mädchen stehen blieb und es zum Anhalten zwang.
Der Kommissar hörte, wie der Mann sagte: »Na, das machst du aber prima. Wie heißt du denn?«
»Celeste«, antwortete das Mädchen.
»Was für ein schöner Name«, hörte Bienzle den Mann sagen, der jetzt eine Tafel Schokolade aus der Tasche zog. Bienzle machte ein paar schnelle Schritte auf die beiden zu.
»Ich mag keine Schokolade«, rief das Kind, »und jetzt geh mir aus dem Weg. Ich darf nicht mit fremden Männern reden!«
Der Mann lachte gut gelaunt. »Sehr gut!« Er steckte die Schokolade wieder ein und ging über den Marktplatz davon.
In diesem Augenblick kam Gächter aus dem Spielwarengeschäft.
»Die führen zwar Tänzerinnen auf Spieluhren, aber die sind scheißteuer und eigentlich kein Kinderspielzeug, sondern eher Dekoration für kitschbewusste Schwaben«, sagte er und fing sich dafür einen bösen Blick Bienzles ein. Ohne etwas

zu sagen, ging der Kommissar rasch aufs Rathaus zu und die Treppe hinauf. Gächter hatte Mühe, ihm zu folgen.

Der Rathauspförtner hatte Herrn Meinhold angerufen. Christines Vater trat wenig später aus dem Paternoster und auf die beiden Kommissare zu. »Sie wollten mich sprechen?« Er war mittelgroß, schlank und hatte die Haare glatt nach hinten gekämmt. Sein schmales Gesicht wirkte angespannt. Eine Brille mit kreisrunden Gläsern ließ seine Augen ungewöhnlich groß erscheinen. Sein linkes Auge zuckte in kurzen Abständen. Meinhold hob immer wieder die Hand und drückte den Zeigefinger in den Augenwinkel, als ob er so das Zucken stoppen könnte.
Gächter sagte: »Wir haben eine Frage, Herr Meinhold. Haben Sie Ihrem Töchterchen mal eine Spieluhr geschenkt?«
»Eine Spieluhr?«
»Warten Sie, ich habe ein Foto davon.« Gächter zog eine Aufnahme aus der Jacke und reichte sie Herrn Meinhold. Christines Vater schluckte trocken. »Christine hatte so eine Tänzerin.«
»Haben Sie ihr die Tänzerin geschenkt?«, fragte Bienzle.
»Nein!«
»Von wem hatte sie sie dann?«
»Von meiner Frau, nehme ich an.« Ein Lächeln huschte über Meinholds Gesicht. »Wenn ich gewusst hätte, dass sie so etwas so gerne gehabt hätte …«
Gächter unterbrach ihn: »*Sie nehmen an*, Ihre Tochter hatte die Spieluhr von Ihrer Frau? Wissen Sie's denn nicht?«
»Wir haben nicht darüber geredet. Wir haben damals überhaupt nicht mehr viel geredet. Meine Frau hat mir immer nur Vorwürfe gemacht, dass ich unser Kind viel zu sehr ver-

wöhne. Es war ziemlich schwierig, wissen Sie. Erst als das mit Christine dann passiert war ... Warum wollen Sie das überhaupt wissen?« Meinhold kämpfte mit den Tränen.
»Wir haben bei Elena Hagen, dem Mädchen, das am Wochenende ermordet wurde, genau so eine Spieluhr gefunden, wie sie in Christines Zimmer auf der Fensterbank steht«, sagte Bienzle so sachlich wie möglich.
Meinhold starrte die beiden Beamten an. Das Zucken in seinem Augenwinkel verstärkte sich. »Bitte? Was sagen Sie da? Die gleiche ... Aber das ... das würde ja heißen ...«
»Ja, das könnte bedeuten«, unterbrach ihn Bienzle, »dass der Täter ihr die Spieluhr geschenkt hat.«
Meinholds Kopf fuhr hin und her, seine Hände flatterten in unkontrollierten Bewegungen auf und ab. Seine Stimme wurde immer lauter und höher. »Der Mörder hat sie meinem Kind ...? Aber dann muss Christine ihn ja ... sie muss ihn gekannt haben! Der Kerl hat sie damit in die Falle gelockt. Los! Sagen Sie's. Sagen Sie's!! Sie wissen es. Wahrscheinlich wissen Sie sogar, wer es war?«
Nicht nur der Portier schaute irritiert herüber, auch einige Besucher des Rathauses blieben stehen und beobachteten das Trio, das noch immer dicht bei dem Paternoster stand. Bienzle versuchte seiner Stimme einen ruhigen Klang zu geben. »Es ist vielleicht eine Spur.« Und Gächter fügte hinzu: »Wir wissen es nicht.«
»Aber es könnte so gewesen sein, ja?! Es könnte so gewesen sein. Reden Sie schon. Sagen Sie's!« Plötzlich ließ Meinhold seine Hände sinken. Es sah so aus, als könne er jeden Moment den Halt verlieren und in die Knie brechen. Bienzle fasste ihn sanft am Arm.
Meinhold schlug die Hände vors Gesicht. Seine Stimme

klang nun dumpf: »Am Tag vor ihrem Tod hat sie nur mit diesem Ding gespielt. Immer nur mit diesem Ding. Die Melodie ist mir gar nicht mehr aus dem Kopf gegangen.« Leise begann er die ersten Takte zu summen. Bienzle erkannte die Musik sofort wieder. Entsetzt starrte er den Mann an. Meinhold sang die ersten vier Takte und dann wieder und dann noch einmal, bis Bienzle plötzlich den Griff um den Arm von Christines Vater so verstärkte, dass es ihm wehtun musste. Meinhold brach ab und nahm die Hände von seinem tränenüberströmten Gesicht.

Als die beiden Kommissare das Rathaus verließen, sagte Bienzle: »Mit einem hat er Recht. Der Mörder muss das Kind gekannt haben.«
Gächter nickte: »Und er muss Christine dazu gebracht haben, es für sich zu behalten.« Er hielt inne. »Das große Geheimnis!«
»Was ist?«, fragte Bienzle.
»Der Lehrer Madlung hat davon gesprochen.« Gächter zog sein Notizbuch aus der Tasche und suchte in seinen Aufzeichnungen. »Da. Madlung hat Elena Hagen an dem Tag, als sie verschwunden ist, gefragt, was denn mit ihr los sei. Das Mädchen war offenbar unkonzentriert und nicht richtig bei der Sache.«
»Und?« Bienzle war stehen geblieben.
»Sie habe reagiert, wie Kinder eben reagieren, sagt Madlung. ›Nichts, nichts‹, habe sie gesagt, ›was soll denn sein?‹ Aber auf ihn habe sie doch stark verändert gewirkt. Deshalb habe er sie, als sie wegging, noch einmal gefragt: ›Was hast du denn? Ist das so ein Geheimnis?‹ Darauf habe sie nur heftig genickt und sei davongerannt.«

Bienzle war sehr nachdenklich geworden. »Der Mörder hat sich also zuerst das Vertrauen der Kinder erschlichen. Er muss sie so sehr auf sich fixiert haben, dass sie nichts über ihren ›großen Freund‹ erzählt haben.«
»Könnte sein.«
»Aber der Kai Anschütz ist bestimmt kein Mann, der so etwas schafft.«
»Bist du sicher?«, fragte Gächter.
»Wie willst du in so einem Fall sicher sein?« Sie gingen zu Bienzles Dienstwagen. Als sie einstiegen, sagte Bienzle: »Das Kinderzimmer von Christine Meinhold sah aus wie ein Schaufenster für die Aktion ›Gutes Spielzeug‹. Die Spieluhr hat gar nicht dazu gepasst.«
»Trotzdem hat sie mit nichts anderem mehr gespielt«, sagte Gächter.
»Ich hab mir als Kind lauter Sachen gewünscht, die mir meine Eltern nie im Leben geschenkt hätten.«
»Was denn zum Beispiel?«, wollte Gächter wissen.
»Eine Spielzeugpistole. Vor allem aber Westernhefte mit Tom Jenkins und Tom Mix. Und natürlich alle Jerry Cottons.«
Gächter lachte. »Ich glaub's ja nicht!«
»Wer mir damals eins dieser Hefte geschenkt hätte, wär der Größte für mich gewesen«, sagte Bienzle und startete den Motor.
Im gleichen Augenblick schnarrte das Funktelefon. Gächter meldete sich und stellte laut. Dr. Kocher, der Gerichtsmediziner, war dran. Er habe jetzt den Bericht des Tübinger Zoologen über die Fliegenlarven.
»Ja und? Was sagt uns der?«, wollte Gächter wissen.
»Nicht am Telefon«, gab Kocher zurück. »Ich erwarte Sie in meinem Labor.«

»Dann hat er was Wichtiges rausgefunden. Er wird eine richtige Vorlesung draus machen.« Bienzle seufzte.

»Hochinteressant! Wirklich höchst interessant«, begann Dr. Kocher, als Bienzle und Gächter sich bei ihm einfanden. »Ich war bei Professor Kömmling in Tübingen. Der Mann versteht sein Fach.«
»Und«, fragte Bienzle dazwischen, »wissen wir jetzt, wann das Kind gestorben ist?«
Aber Kocher ließ sich nicht drausbringen. »Zuerst hat er die Weichteile der Tiere in Kalilauge aufgelöst, damit er die winzigen Mundwerkzeuge unter dem Mikroskop genau untersuchen konnte. An den Mundwerkzeugen hat er dann erkannt, dass es sich um Fliegen aus der Gruppe Lucilia Sercatia handelt.«
Bienzle verdrehte die Augen. »Ja und weiter?«
»Bei einer Temperatur von 20 Grad dauert es 18 Stunden, bis die Larven, nachdem sie auf der Leiche abgelegt wurden, aus dem Ei schlüpfen. Die Larven häuten sich dann in der Regel nach 24 Stunden zum ersten Mal und nach weiteren 24 Stunden noch einmal. Danach ...«
Bienzle drohte die Geduld zu verlieren. »Ja, ja, ist ja gut. Was sagt er denn nun, wie lang das Kind tot war, als es gefunden wurde?«
Kocher gab nach. »Zwischen der Eiablage und dem Auffinden der Leiche müssen rund 28 Stunden vergangen sein. Gefunden wurde das tote Kind am Sonntag gegen 8 Uhr. Also hat er die Kleine in der Nacht zum Samstag gegen 4 Uhr im Wald vergraben.«
Bienzle notierte sich die Daten und resümierte dann: »Und am Freitagnachmittag gegen 15 Uhr hat sie die Schule nach

der Theaterprobe verlassen. Nehmen wir an, er hat das Mädchen im Verlauf der nächsten Stunde getroffen. Was ist dann in der Zwischenzeit geschehen?«
Kocher sagte: »Das möchte man gar nicht so genau wissen. Der Schober hat übrigens noch mal eine Mannschaft zum Fundort geschickt. Wir geben noch nicht auf. Jeder Täter hinterlässt Spuren. Hautpartikel, Haare, einen abgebrochenen Fingernagel … Man muss sie nur finden!«
»Gut«, sagte Gächter, »dann werden wir eine Aufstellung aller Personen machen, mit denen Elena Hagen näheren Kontakt hatte. Für den Fall, dass doch Spuren gefunden werden, sollten wir so schnell wie möglich über die DNS-Proben verfügen.«

Als sie zu ihrem Büro zurückkehrten, stand ein Mann im Korridor vor ihrer Tür. Er war vielleicht fünfunddreißig Jahre alt, etwas größer als Bienzle und trug eine khakifarbene Weste mit sechs aufgesetzten Taschen, die alle prallvoll zu sein schienen. Auf seinem Kopf kräuselten sich nur wenige blonde Haare. Aus dem runden Gesicht, das ein wenig feist wirkte, blickten zwei wassergraue Augen.
»Da sind Sie ja«, sagte der Mann und fuhr mit dem ausgestreckten Zeigefinger unter seiner Nase durch, wobei er hörbar die Luft einzog.
»Ja, da sind wir«, sagte Bienzle, »was möchten Sie?«
»Mein Name ist Gunther Heinze. Ich bin der Bewährungshelfer von Kai Anschütz. Ich habe gerade erfahren, Sie haben meinen Schützling festgenommen.«
Bienzle sah den Mann an. Er verspürte keine Lust, mit ihm zu reden. »Machst du das, Gächter?«, sagte er und ging in die Kantine, um sich einen Kaffee zu genehmigen.

Gächter öffnete die Tür und ließ den Bewährungshelfer eintreten. »Wir haben Herrn Anschütz vorgeladen, nicht festgenommen«, sagte er, während sie zu den Schreibtischen gingen, die in einem Block gegeneinander gestellt waren. An der Schmalseite stand ein Besucherstuhl, auf den Gächter nun mit der Hand wies.
Heinze setzte sich. Er schlug die Beine übereinander und legte seinen rechten Ellbogen breit und ausladend auf die Schreibtischplatte, wobei er Gächters Aktenstapel verschob. »Gibt es irgendwelche Ermittlungsergebnisse, die Kai Anschütz belasten?«
»Es gibt Ermittlungsergebnisse, aber polizeiintern«, gab Gächter knapp zurück. »Was haben Sie denn für ein Bild von Kai Anschütz?«
»Nun, er wirkt zwar durchaus wehrhaft, wenn ich mal so sagen darf, aber das ist nur äußerlich.«
»Aha«, sagte Gächter, »und wie ist er innerlich?«
Heinze beugte sich weit vor und legte seine Ellbogen auf die Knie. »Verletzbar. Auch reizbar. Oft zutiefst verunsichert. Vielleicht hat er sich deswegen nicht mehr bei mir gemeldet.«
Gächter rückte seinen Aktenstapel zurecht. »Er ist also untergetaucht?«
Heinze hob beide Hände und drehte sie hin und her. »Er hat sich nicht mehr gemeldet, das heißt nicht, dass er untergetaucht ist. Allerdings: Unseren letzten Termin hat er einfach verstreichen lassen. Das ist eigentlich nicht seine Art. Und da macht man sich natürlich Sorgen.«
»Was für Sorgen?«
»Bitte?« Heinze schien Gächters Zwischenfrage unangenehm zu sein.

»Zum Beispiel die Sorge, Ihr ›Schützling‹ könnte das kleine Mädchen missbraucht und ermordet haben?«

Heinze fuhr auf. »Was reden Sie denn da?«

»Sie kennen ihn. Wahrscheinlich sogar ganz gut. Halten Sie das denn für absolut unwahrscheinlich?«

»Man kommt nur sehr schwer an ihn heran«, sagte Heinze ausweichend.

Gächter wurde langsam ärgerlich. Der Mann war wie ein Stück Seife in der Badewanne. Was wollte der überhaupt von ihm? Genau das fragte der Kommissar dann auch.

»Ich wäre eben gerne darüber unterrichtet, was mit ihm geschieht«, antwortete Heinze.

»Er ist verhört worden, und jetzt ist er wieder auf freiem Fuß. Mehr kann ich Ihnen dazu nicht sagen. Sorry, dass wir nicht gleich an Sie gedacht haben.«

Gächter stand auf. Für ihn war das Gespräch beendet. Er öffnete die Tür und sagte: »Wäre schön, wenn Sie uns sagen würden, ob und wann sich Anschütz wieder bei Ihnen meldet. Vielleicht hören oder beobachten Sie ja auch etwas, was uns weiterhelfen kann.«

Heinze zog den Zeigefinger unter der Nase durch und schniefte. »Ja, das will ich gerne tun. Es ist ja wichtig, dass unsereins einen guten Kontakt zur Polizei pflegt.«

»Seh ich genau so«, sagte Gächter und schloss die Tür hinter dem Bewährungshelfer.

7

Die Tage und Nächte schleppten sich hin. Bienzle hatte sich eine Liege ins Büro stellen lassen und übernachtete jetzt nur noch im Präsidium. Mehr als zwei oder drei Stunden am Stück konnte er nicht schlafen. Wenn er nachts zu sich kam, erschien ihm alles unwirklich. Durch die Fenster drang das Licht der hohen Bogenlampen, die den Hof des Präsidiums erleuchteten. Von dort hörte er gelegentlich Motorengeräusche und kurz danach aus einiger Entfernung das Aufheulen der Polizeisirenen. Die Kollegen pflegten erst aus dem Viertel herauszufahren, ehe sie das Martinshorn anstellten.

In den Momenten zwischen Schlaf, Traum und langsamem Erwachen packte ihn ein niederdrückendes Gefühl der Hilflosigkeit. Solche Augenblicke waren selten bei ihm. Normalerweise konnte er einen Fall schnell einschätzen. Bienzle konnte sich zumeist auf sein Gespür verlassen. Er verfuhr in der Regel nach dem Prinzip, eine Theorie zu finden und sie dann Stück um Stück zu beweisen, wie es ein Physiker mit seinen Versuchsanordnungen macht. Aber nun spürte er, dass er sich auf unsicherem Grund bewegte. Immer mehr Zweifel stellten sich ein. Er begann, seinem eigenen Urteil zu misstrauen, und wusste doch genau, dass ihn nichts mehr in seiner Arbeit behindern konnte als dieses Zweifeln an sich selbst.

Vielleicht hatte seine neue Unsicherheit auch damit zu tun,

dass seine persönliche Beziehung plötzlich so sehr gefährdet war, die ihm bisher Sicherheit gegeben hatte. Hannelores Weggang hatte ihn aus einer Normalität gerissen, auf die er sich längst eingelassen und auf die er unbewusst vertraut hatte. Natürlich verstand er Hannelore. Zumindest versuchte er es. Ihr gemeinsames Leben war in den letzten drei, vier Jahren immer kärglicher geworden. Wenn er einen Fall hatte, der seine ganze Konzentration forderte, lebte er oft wochenlang neben Hannelore her, ohne sie recht zu bemerken. Sie war da, und das genügte ihm. Aber ihr reichte das wohl schon lange nicht mehr, zumal er auch Fällen, die nicht viel mehr als Routine verlangten, viel zu viel Bedeutung zugemessen hatte. Jetzt, im Fall Elena Hagen, wäre Hannelore voller Verständnis gewesen, das wusste er. Sie hätte ihm in seiner Not beigestanden. Aber sie war ja nicht da, vermutlich ahnte sie gar nicht, welche Probleme ihn umtrieben.

Bienzle erhob sich von der harten Liege und setzte sich an seinen Schreibtisch. Er hasste Akten und Berichte, aber in dieser Woche hatte er jedes Papier mindestens dreimal gelesen – immer in der Hoffnung, einen Hinweis zu finden, der ihn weiterbrachte. In dieser Nacht zum Freitag legte er sich nicht wieder hin. Er blieb auf seinem Schreibtischstuhl sitzen bis kurz vor sechs Uhr. Da stand er auf, nahm ein Handtuch aus dem Schrank und tappte den Korridor hinunter bis zu der Dusche, die schon vor Jahren für den Nachtdienst eingerichtet worden war.
Vor dem Spiegel über einem der fünf Waschbecken rasierte er sich. Einen Augenblick wunderte er sich über das Gesicht, das ihm entgegenstarrte. Seine Wangen waren einge-

fallen, unter den Augen hatte er dunkle Schatten, und er bemerkte den Ansatz zu Tränensäcken. »Ich muss was ändern«, sagte er zu seinem Spiegelbild. Aber er wusste nicht, was.

Eine Stunde später fand sich Bienzle im Raum der Sonderkommission ein. Er nahm wahr, wie Zielke rasch ein paar Zeitungen verschwinden ließ.
»Zeig her«, herrschte Bienzle ihn an.
Schreitmüller rief herüber: »Lieber nicht.«
Zielke legte die Blätter auf Bienzles Platz. Natürlich ritten die Journalisten darauf herum, dass nunmehr eine Woche seit dem Verschwinden von Elena Hagen vergangen war und die Polizei noch immer keinen Erfolg zu vermelden habe. Aber viel mehr brachte Bienzle das Interview auf, das ein findiger Reporter mit Hartmut Grossmann geführt hatte. Ein Foto zeigte den Exkommissar in seinem Garten vor seinem Weinberghäuschen. »Ich kann mir nicht erklären, warum der Leiter der Sonderkommission eine Spur missachtet, die grottenbreit vor ihm liegt. Man muss nur eins und eins zusammenzählen, und der Fall lässt sich lösen.«
Bienzle zerknüllte die Zeitung und warf sie wütend auf den Boden, ärgerte sich aber sofort darüber. Er hasste es, wenn er die Kontrolle verlor und unbeherrscht reagierte, schon gar vor den eigenen Mitarbeitern.
»Nicht alle Nerven sind wie Drahtseile«, rief Schreitmüller durch den Raum und kicherte.
Es kostete Bienzle Mühe, den Zuruf zu ignorieren, aber er schaffte es. Bewusst nahm er einen Gedanken wieder auf, der die Sonderkommission schon die ganze Zeit be-

schäftigt hatte. »Das Kind hat den Eltern nicht erzählt, dass es sich offenbar schon längere Zeit vor seinem Verschwinden mit dem Täter getroffen hat. Der Mörder und sein Opfer haben ein Geheimnis miteinander gehabt. Genauer: Der Mann hat dem Mädchen eingeredet, dass sie eins hätten.«
»Da muss man bei so einem Kind aber vorher schon ein ziemliches Vertrauen geschaffen haben«, warf Zielke ein.
»Als Lehrer könnte man das«, sagte Gächter.
»Du denkst an Madlung?«, fragte Tanja Hohmann.
Gächter nickte. »Ich glaube, die Kinder haben Vertrauen zu dem.«
Tanja Hohmann, die inzwischen alles gelesen hatte, was sie über pädophile Triebtäter finden konnte, sagte: »In 82 Prozent aller Fälle kommt der Täter aus der nahen Umgebung des Opfers. Und fast immer sind die Täter unauffällige Menschen.«
»Männer eben, wie du und ich«, sagte Gächter zu Zielke, der ihn entsetzt anfuhr: »Jetzt hör aber auf, ja?!«
»Ich könnt euch da einen Fall erzählen …«, tönte Schreitmüller.
Bienzle unterbrach ihn grob: »Jetzt nicht!«
Tanja fuhr fort: »Die Täter halten sich oft an ein ganz bestimmtes Schema. Zu den Stereotypen gehören bestimmte Zeiten, in denen das Verbrechen geschieht. So hieß zum Beispiel in Duisburg ein Kinderschänder allgemein der Dienstagsmann. In Berlin hat man letztes Jahr einen Vergewaltiger und Mörder geschnappt, der immer sonntagabends zwischen 22 und 24 Uhr zugeschlagen hat. Was ich damit sagen will: dass wir heute, am Freitag, ganz besonders auf der Hut sein sollten.«

»Und am Samstag und am Sonntag und am Montag …«, knurrte Bienzle.

Zielke meldete sich. »Die Spieluhr wird in Taiwan hergestellt und über die Firma Playout-Vertrieb ausgeliefert, und zwar ausschließlich an große Kaufhäuser«, sagte er.

Bienzle seufzte. »Auch das noch! Da wird sich kaum jemand erinnern. Probieren müssen wir's trotzdem.«

Zielke schob ihm ein Blatt Papier hin. »Und das da sind alle Verkaufsstellen für Popcorn, die wir schon abgegrast haben. Tatsächlich meistens Kinos.«

»Und?«

»Bisher Fehlanzeige. Viele sind es nimmer …«

Schreitmüller rief quer durch den Raum: »Ihr könnt die Suche einstellen!«

»So, warum?«, wollte Zielke wissen.

»Ich sag ja immer: Nicht verzagen, Schreitmüller fragen. Der Kollege Kühl hat ein Kino gefunden, wo vielleicht das Popcorn gekauft worden ist.«

Alle sahen zu Schreitmüller hinüber.

»Und wie lang wisset Sie des scho?«, fuhr ihn Bienzle an.

Schreitmüller sah auf die Uhr. »Eine Minute, 27 Sekunden.« Er lachte dröhnend.

»Und, wo ist das?«

»Im Multiplex in Untertürkheim. Soll ich gleich hinfahren?«

»Nein, das mach ich selber. Du kommst mit, Gächter!«

Die beiden verließen den Raum, und sofort ging dort wieder jeder seiner Arbeit nach.

Es war kurz nach 14 Uhr, als die beiden Kommissare den Vorraum des Kinos betraten. Eine große, knochige Frau wischte mit einem Lappen, den sie um einen Schrubber gelegt hatte, den Boden. Sie drehte sich um, hielt den Stiel aber weiter fest in den Händen, als ob sie Halt suchte. »Sie sind bestimmt die Herren von der Polizei?«

Bienzle nickte und stellte sich und seinen Kollegen vor. Gächter zog das Foto heraus, auf dem Elena Hagen und ein paar andere Kinder zusammen mit Ronald Madlung zu sehen waren. Die Frau beugte den Kopf weit vor und studierte das Bild. Dann deutete sie, ohne ihren Schrubber loszulassen, mit dem kleinen Finger auf Elena Hagen. »An das Mädchen erinnere ich mich. Das habe ich schon dem anderen Polizisten gesagt. Der hat aber ein anderes Bild dabeigehabt.«

»Ist Ihnen an dem Mädchen irgendetwas aufgefallen?«, fragte Bienzle freundlich.

»Nö, eigentlich nicht.«

»Aber es war nicht alleine?«

»Nein.«

Gächter zog ein Foto von Anschütz aus der Tasche. »War vielleicht dieser Mann bei ihr?«

Die Frau zuckte mit den Schultern. »Das kann ich Ihnen nicht sagen. An den Mann, der bei ihr war, kann ich mich beim besten Willen nicht erinnern.«

»Aber es war einer bei ihr?«, stieß Gächter nach.

»Ja, sag ich doch!«

»Und Sie können sich daran erinnern, dass er Popcorn gekauft hat?«

»Ja. Er hat die Tüte dem Mädchen in die Hand gedrückt und hat gesagt: ›Das ist Prinzessinnenfutter!‹ Ich weiß noch,

dass ich mich darüber gewundert habe. Das Wort war so komisch. Man sagt vielleicht Hundefutter, aber doch nicht ... oder? Ich meine, er hätte vielleicht sagen können: ›Das ist ein Prinzessinnenmenü‹, aber Prinzessinnenfutter ...« Sie schüttelte befremdet den Kopf.
Bienzle nickte anerkennend. »Da haben Sie absolut Recht. War der Mann blond oder eher dunkelhaarig?«
»Vielleicht eher blond. Und vielleicht eher lange Haare.«
Gächter deutete noch einmal auf das Foto, das er ihr zuerst gezeigt hatte und auf dem Madlung deutlich zu erkennen war. »War es der da vielleicht?«
Die Frau nahm das Bild in die Hand, studierte es genau, legte die Stirn in Falten und sagte dann: »Könnte sein. Aber wie gesagt, ich erinnere mich an den nicht mehr so genau. Nur an das Mädchen.«
»Wissen Sie, ob der Mann einen Mantel angehabt hat oder eine Jacke?«, fragte Bienzle.
»Könnt sein, einen Mantel. Einen hellen. Aber legen Sie mich da bitte nicht fest.«
»Sowieso net«, gab der Kommissar mit einem freundlichen Lächeln zurück. »Können Sie sich erinnern, ob der Mann das Popcorn vor oder nach der Vorstellung gekauft hat?«
»Weder noch.«
»Wie bitte?«
»Ha ja, die beiden sind nur reingekommen. Er hat das Popcorn gekauft. Das Mädchen hat noch gequengelt: ›Dann will ich aber heim.‹«
»Wie? Die waren gar nicht im Kino?«, meldete sich Gächter.
»Man muss ja nicht ins Kino, wenn man nur Popcorn haben will«, sagte die Frau.

»Also das Kind wollte heim«, nahm Bienzle den Faden wieder auf.

»Ja, und er hat irgend so was gesagt wie: ›Du hast doch gesagt, du magst …‹ oder ›du willst …‹, das weiß ich jetzt nicht mehr. Ja, ich glaube, er hat gesagt: ›Du magst Popcorn.‹«

»Hatten Sie das Gefühl, dass sich die beiden gut gekannt haben?«

»Keine Ahnung. Über so was denkt man doch nicht nach.«

Gächter schaltete sich wieder ein: »Aber man merkt vielleicht, ob das Vater und Tochter sind oder großer Bruder und kleine Schwester …«

»Also das tut mir leid.« Die Frau begann plötzlich wieder, den Boden zu wischen. »Da bin ich jetzt echt total überfordert.«

Bienzle blieb freundlich. »Jetzt kommt meine wichtigste Frage. Wissen Sie noch, wann das war?«

Die Kinokassiererin hielt noch einmal inne. »Am Freitag während der Kindervorstellung um 17 Uhr. Der Film lief schon.«

»Heute vor einer Woche?«

»Ja. Ich sag doch: Freitag!«

Bienzle und Gächter schauten sich an. Bienzle sagte leise: »Das war also ungefähr zwei Stunden, nachdem das Kind die Schule verlassen hat.« Dann bedankte er sich bei der Frau, und die beiden verließen den Kinovorraum.

»Mensch, die Frau hat die Elena Hagen tatsächlich erkannt.«

»Von der war allerdings auch ein Suchbild in der Zeitung, was man von dem Musiklehrer nicht behaupten kann.«

»Den haben unsere Leute heut keine Minute aus den Augen gelassen. Der Mann hat sich völlig normal verhalten.« Bienzle seufzte. »Genau das ist das Problem. Man sieht's keinem an.«

8

Gegen 16 Uhr kehrten Bienzle und Gächter in den Raum der Sonderkommission zurück. Fast alle Plätze an dem großen Konferenztisch waren besetzt. Jeder ging irgendeiner Arbeit nach. Viele der Kollegen telefonierten, andere schrieben an ihren Berichten, wieder andere kopierten Schriftstücke.

Bienzle rief nach Zielke, aber den erreichte gerade ein Telefonanruf, weshalb er nur herüberwinkte. Er meldete sich: »Soko Hagen, Zielke.« Er hörte aufmerksam zu. Plötzlich spannte sich sein sehniger Körper. »Was? Wo ist das genau?« Das rief er so laut, dass alle im Raum plötzlich zu ihm hersahen. »Ihr bleibt dran, ja. Wir melden uns gleich wieder!« Er wandte sich direkt an Bienzle: »Das sind die Kollegen, die Madlung observieren. Er hat an der Haltestelle Geroksruhe ein kleines Mädchen abgeholt.«

»Alle verfügbaren Kräfte alarmieren«, kommandierte Bienzle. »Welche Kollegen sind in der Nähe? Sofort in Bewegung setzen. Aber ohne Signalhorn und Blaulicht, klar?! Haben Sie Verbindung mit den Kollegen, die Madlung beobachten?«

»Ja!«

»Geben Sie her.« Er nahm Zielke den Hörer aus der Hand und meldete sich: »Bienzle hier, Sie berichten mir fortlaufend. Ich bleib am Apparat!«

Madlung bewohnte in Stuttgart-Gaisburg ein kleines, flaches Haus, das hoch oben am Hang im parkähnlichen Garten einer Villa stand. Früher war es eine Remise gewesen. Hier konnte er Klavier spielen und Musikunterricht erteilen, ohne jemanden zu stören. Von dem Grundstück aus ging es über einen steilen Stich zur Geroksruhe hinauf. Die meisten seiner Klavierschüler stiegen dort aus der Straßenbahn aus und waren nach zehn Minuten bei ihm.

Auch Eva Nestler machte es so. Sie war überrascht, dass Madlung sie an diesem Tag an der Haltestelle erwartete. Aber sie freute sich darüber. Eva mochte den Klavierlehrer sehr. Sie verstanden sich gut miteinander. Zum ersten Mal, seitdem das Kind von seinen Eltern gezwungen wurde, Klavierunterricht zu nehmen, fand sie Spaß an der Musik, und sie hatte in den letzten Monaten deutliche Fortschritte gemacht. Davor war sie bei verschiedenen anderen Lehrern gewesen, aber sie hatte weder Freude an den Klavierstunden noch am Üben zu Hause gehabt. Seit Madlung sie unterrichtete, war das alles anders.

»Komm, ich kenn eine Abkürzung«, sagte der Klavierlehrer, nahm Eva an der Hand und führte sie in einen schmalen Waldweg hinein. Büsche drangen von links und rechts herein. An manchen Stellen mussten sie hintereinander gehen.

Dem Beamten, der Madlung observiert hatte, war durch die anfahrende Straßenbahn ein paar Augenblicke die Sicht versperrt gewesen. Als er wieder einen freien Blick hatte, waren Madlung und das Mädchen verschwunden.

Bienzle stand im Raum der Sonderkommission vor dem Stadtplan und hatte noch immer das Telefon am Ohr. Plötzlich ertönte die Stimme des Beamten: »Zielobjekt verloren.«
»Was?«, schrie Bienzle. »Was soll das heißen, ihr habt ihn verloren? Mann, das gibt's doch nicht!« Er spürte plötzlich, wie die Kälte seinen Körper erfasste.
Er ging rasch zur zentralen Funksprechanlage, legte einen Schalter um und sprach ins Mikrophon: »Bienzle hier. An alle! Planquadrat C 7. Alle Kräfte bewegen sich dorthin.«
Dann nahm er das Funktelefon und wählte. »Gächter?«
»Ich höre«, tönte Gächters Stimme.
»Ihr fahrt direkt zu Madlungs Haus!«
»Sind schon unterwegs.«

Im gleichen Augenblick erschienen zwei Polizeiwagen an der Straßenbahnhaltestelle Geroksruhe. Die Schutzpolizisten nahmen sofort die Suche auf. Sie kontrollierten den Weg zwischen Haltestelle und Madlungs Haus, konnten aber weder den Klavierlehrer noch das Mädchen entdecken.

Madlung und Eva Nestler waren immer tiefer in das abschüssige Waldstück eingedrungen. Sie waren jetzt auf einem Weg, der von Mountainbikern tief ausgefahren war und plötzlich auf einer Länge von vier oder fünf Metern steil abfiel.
»Warte!«, sagte Madlung, »ich geh voraus und helf dir herunter.« Er sprang den Weg hinab, hielt sich am Stamm einer Buche fest, drehte sich um und breitete die Arme aus. »Jetzt du!« Eva flog auf ihn zu und ließ sich mit einem Jauchzer von ihrem Lehrer auffangen.

Gächter, Zielke und Tanja Hohmann fuhren beim Neckarstadion über die Brücke und rasten die Wagenburgstraße hinauf. Zielke saß am Steuer. Sein Raubvogelgesicht wirkte angespannt, seine Kiefer mahlten. Er bog in die Gablenberger Hauptstraße ein. »Wir müssen am Fuchsrain hoch«, sagte Gächter, der eine Karte auf dem Schoß hielt. Im gleichen Augenblick quäkte die Stimme aus dem Routenplaner: »Die nächste links ab.«
»Ja, ja, ja«, schimpfte Zielke, »als ob ich das nicht wüsst!«

Madlung und Eva Nestler erreichten die Rückseite des Grundstückes. Der Klavierlehrer schloss ein schmales Gartentörchen auf und ließ dem Kind den Vortritt.

300 Meter weiter unten bog Zielke in die Bergstraße ein. »Wir halten dort vorne und gehen den Rest zu Fuß!«, sagte Gächter.
Tanja Hohmann, die im Fond saß und sich mit beiden Händen an den Streben von Gächters Kopfstütze festgeklammert hatte, als ob sie sonst ihre Hände nicht ruhig halten könne, sagte: »Wir dürfen aber keine Sekunde Zeit verlieren.«
»Trotzdem«, sagte Gächter.
Zielke stoppte den Wagen und stellte ihn halb auf dem Gehsteig unter einer Holunderhecke ab. Die drei Beamten sprangen gleichzeitig aus dem Wagen und liefen geduckt auf das Grundstück zu.

Im gleichen Augenblick fand einer der Polizisten, die das Waldstück durchkämmten, ein Stück Stoff am Zweig eines

Schlehenbusches. Er meldete den Fund und beschrieb den Weg, der offenbar zu Madlungs Grundstück führte.

Gächter, Zielke und Tanja Hohmann erreichten den Zaun. Ein Fenster in Madlungs Häuschen stand offen. Von dort erklang leise Klaviermusik. Es war eine einfache Melodie. Alle drei horchten. »Das ist doch …«, sagte Tanja. »Wartet mal …«
»Also ich kenn die Musik nicht«, flüsterte Zielke.
»Aber ich«, sagte Gächter. »Hör doch mal genau zu.«
Einzelne Töne perlten. Die Melodie wurde ohne Begleitung gespielt. Gächter machte mit der Hand eine Drehbewegung. Zielke starrte ihn an. »Die Musik von der Tänzerin auf der Spieluhr?«
»Ja, genau«, sagte Tanja Hohmann.

Eva Nestler saß auf dem Klavierhocker und klimperte die einfache Melodie mit einer Hand. »Hübsch«, sagte Ronald Madlung. »Dass du das auswendig spielen kannst?!«
»Das ist doch hupfeleicht«, antwortete das Mädchen.
»Wo hast du denn das her?« Madlung setzte sich neben sie, legte den rechten Arm leicht um ihre Schultern und spielte mit der linken Hand eine anmutige Begleitung dazu.
Im gleichen Augenblick sprang die Tür auf und schlug hart gegen die Wand. Zielke und Gächter brachen förmlich herein.
Gächter schrie: »Polizei! Los, runter auf den Boden. Los, los, los, los! Wird's bald?!«
Eva sprang auf, rannte laut kreischend in eine Ecke und versuchte ängstlich, sich zu verkriechen. Gächter sagte zu Tanja Hohmann: »Kümmer dich um das Kind!«

Madlung saß unbeweglich auf dem Klavierhocker und starrte Gächter nur an. »Runter, hab ich gesagt, flach auf den Bauch, Hände auf den Rücken!«, herrschte Gächter ihn an. Zielke packte Madlung rüde an beiden Oberarmen, zerrte ihn vom Klavierhocker hoch und zwang ihn auf den Boden. Handschellen klickten um seine Handgelenke.
Tanja Hohmann hatte inzwischen sanft ihre Arme um die kleine Eva gelegt und das Kind an sich gezogen.

Eine Stunde später saß Ronald Madlung im Verhörraum Bienzle gegenüber. Der Musiklehrer hatte bis zu diesem Moment kein Wort gesprochen. Sein Gesicht war bleich. Kalter Schweiß stand auf seiner Stirn. Jetzt brach es aus ihm heraus: »Warum machen Sie das mit mir?«
»Wir sammeln Fakten. Und eine ganze Menge sprechen gegen Sie«, sagte Bienzle.
Madlung lachte auf. »Gegen mich?«
»Warum haben Sie mit dem Kind diese Melodie gespielt?«
»Welche Melodie?«
Bienzle holte die Spieluhr unter dem Tisch hervor und stellte sie vor Madlung hin.
»Ziehen Sie die Spieluhr auf!«, befahl der Kommissar.
»Warum sollte ich das tun?«
»Weil ich Sie darum bitte!«
Madlung zuckte die Achseln und zog die Uhr auf. Bienzle fasste hinüber und löste den Schalter. Die Melodie erklang. Madlung schaute ihn fragend an. Bienzle fixierte den Musiker. »Wissen Sie, was das ist?«
»Wenn Sie mich nach dem Namen des Stückes fragen ... Tut mir leid.«

»Wenn ich einen Hang zum Pathos hätte«, sagte Bienzle, »würde ich sagen: Es ist die Melodie des Mörders.«
Madlung starrt Bienzle sprachlos an. Der Kommissar fuhr fort: »Sie kennen das Stück!«
Madlung nickte und sagte schließlich stockend: »Eva hat es mir vorgespielt. Ich habe es vorher nie gehört.«
»Woher sollte das Kind die Musik kennen, wenn nicht von Ihnen?«
»Das kann ich Ihnen nicht sagen.«
Bienzle stand auf und machte ein paar Schritte durch den Raum. »Wissen Sie, was ich denke: Sie sind Musiklehrer, und das haben Sie sich zunutze gemacht. Sie haben das Vertrauen der Kinder gewonnen, und dann haben Sie dieses Vertrauen genutzt, die Mädchen auf sich fixiert, missbraucht und schließlich ermordet.«
Madlung wollte aufspringen, aber Bienzle, der in diesem Augenblick hinter ihn getreten war, hielt ihn an beiden Schultern fest und drückte ihn auf den Stuhl zurück.
»Das ist nicht wahr!«, keuchte der Lehrer. »Das ist ja ein einziger Albtraum.«
Bienzle blieb ruhig. »Elena Hagen, ein Mädchen aus Ihrer Theatergruppe, ist vor einer Woche ermordet worden. Heute gehen Sie mit Eva Nestler allein durch den Wald.«
Madlung schrie auf: »Genau deshalb wollte ich sie beschützen!«
»Sie haben Christine Meinhold, die vor einem Jahr ermordet wurde, auch gekannt.«
»Ja, aber ...«
Bienzle unterbrach ihn. »Sie war in einer anderen Schule, aber eine Zeit lang hat sie in Ihrer Theatergruppe mitgemacht.«

»Ja, aber ...«, versuchte es Madlung noch einmal.
Bienzle ließ ihn nicht weiterreden. »Herr Madlung, ich werde beim Staatsanwalt Haftbefehl gegen Sie beantragen und ...«
In diesem Augenblick wurde die Tür geöffnet. Tanja Hohmann streckte den Kopf herein. »Herr Bienzle, einen Moment. Es ist dringend.«
Bienzle folgte ihr hinaus. Tanja wirkte aufgeregt. »Eva Nestlers Eltern sind völlig außer sich. Eva geht schon seit einem Jahr zu Madlung in den Klavierunterricht. Die Eltern haben volles Vertrauen zu dem Lehrer. Deshalb haben sie ihn auch gebeten, das Kind von der Straßenbahnhaltestelle abzuholen.«
Bienzle atmete tief aus und wendete sich wieder der Tür zum Verhörraum zu. »Ein Jahr schon, sagen Sie?«
»Das ist noch nicht alles. Der Kollege Zielke hat herausgefunden, dass Madlung für den Mord an Christine Meinhold letztes Jahr ein Alibi hat. Er war auf einer Fortbildung für Schultheaterleiter in Potsdam. Zielke hat das vom Direktor der Albert-Schweitzer-Schule erfahren.«
Bienzle kehrte in den Verhörraum zurück. Er sah auf Madlung hinab, der zusammengekauert auf dem Stuhl saß, die Hände zwischen die Knie gepresst hatte und in einem fort den Kopf schüttelte.
»Herr Madlung ...« Bienzle zögerte noch einen Moment und sagte dann: »Ich werde den Haftbefehl gegen Sie vorerst nicht beantragen.«
Madlung hob den Kopf und entspannte sich ein wenig. »Was heißt das?«
»Das heißt, Sie können erst mal gehen.«
»Und jetzt soll ich wohl froh sein, ja?«

»Ich an Ihrer Stelle wär's«
»Und das war's dann?« Madlung stand auf.
»Vorerst, ja.«
»Und Sie gehen nun zur Tagesordnung über, ja?!«
»Das wäre schön. Solange dieser Fall nicht aufgeklärt ist ...«
Madlung ließ ihn nicht weiterreden. »Sie machen es sich ja einfach! Verhaften mal kurz einen unschuldigen Bürger. Unterstellen ihm die schlimmsten Verbrechen und dann ...«
»Wir arbeiten hart an dem Fall ...«
»Ach ja, und wo gehobelt wird, da fallen Späne, das wollen Sie doch sagen. Und was ist mit mir? Glauben Sie denn, das bleibt verborgen? Haben Sie auch nur die geringste Ahnung, wie sich meine Nachbarn schon jetzt die Mäuler zerreißen? Wie, glauben Sie, soll ich morgen vor meine Klasse treten? Etwas bleibt immer hängen. Ich werde meine Klavierschüler verlieren. Womöglich kann ich meinen Beruf hier gar nicht mehr ausüben.«
»Sollte es sich eindeutig erweisen, dass Sie nichts damit zu tun haben, werden wir selbstverständlich für eine offizielle Entlastung sorgen«, sagte Bienzle. Seine Stimme klang müde.
»Und Sie glauben, das interessiert dann noch irgendwen? Ich bin der Leidtragende Ihrer dilettantischen Ermittlungen.«
Jetzt wurde es Bienzle zu viel. Er trat dicht vor den Musiklehrer hin. »Herr Madlung, die unglücklichen Eltern dieser ermordeten Mädchen – die tragen wirklich Leid. Das Einzige, was ich für diese armen Leute tun kann, ist, den Mörder zu finden. Und für Sie auch.«

Madlung holte Luft, um noch etwas zu sagen, nickte dann aber überraschend und stieß leise hervor: »Entschuldigung!« Dann ging er rasch hinaus.

Gleich nach der Festnahme Ronald Madlungs hatten Gächter und Tanja Hohmann die kleine Eva Nestler nach Hause gebracht. Unterwegs hatte Tanja die Mutter des Kindes angerufen und telefonisch vorbereitet. Jetzt wurden sie von Frau Nestler, einer stämmigen Mittvierzigerin, bereits an der Tür erwartet.
Sie gab den Beamten keine Chance, etwas zu erklären. »So machen Sie also Ihre Arbeit?«, rief sie ihnen entgegen. »Das schreit doch zum Himmel. Bloß weil Sie unfähig sind, endlich den Mörder zu kriegen ...«
Gächter versuchte zu erklären: »Wir konnten doch nicht wissen ...«
»Ja sicher. Was wissen Sie schon! Eva geht schon seit über einem Jahr zu Herrn Madlung in die Klavierstunde. Es gibt keinen besseren Klavierlehrer und keinen verlässlicheren Menschen als ihn. Wie kommen Sie eigentlich dazu, ausgerechnet *den* Mann zu verdächtigen?«
Jetzt wurde auch Gächter laut. »Überlegen Sie sich mal: Ein Polizist beobachtet einen Mann, der ein kleines Mädchen an der Straßenbahn abfängt und mit ihm im Wald verschwindet, und zwar auf Wegen, die ziemlich verschwiegen sind. Und das ist nicht irgendein Wald, sondern einer, in dem wir zwei Kinderleichen gefunden haben.«
Längst waren rund herum die Fenster in den Nachbarhäusern aufgegangen. »Jetzt hör dir den an«, tönte es in Gächters Rücken. »Der ischt ja vielleicht overschämt«, rief eine andere Stimme. »Wie der mit der arme Frau Neschtler

schwätzt.« Eine Frau schrie aufgebracht: »Und der Mörder läuft älleweil no frei rom.«
Tanja Hohmann schob Eva in die Arme ihrer Mutter, drehte sich um und ging auf die Straße hinaus. »Ich bin sicher«, rief sie laut, »Sie sind lauter Leute, denen noch nie ein Fehler unterlaufen ist. Aber es können ja nicht alle so perfekt sein wie Sie, sonst würden Sie ja gar nicht auffallen.«
Einen Moment war es still, dann redeten alle auf einmal. Eine wahre Schimpfkanonade prasselte auf Tanja und Gächter ein. Die beiden stiegen in ihren Dienstwagen und machten, dass sie davonkamen. Tanja versuchte Bienzle zu erreichen, aber der war da schon mit Madlung im Verhörraum und hatte Anweisung gegeben, ihn nicht zu stören.
Gächter, der am Steuer saß, wendete sich zu Tanja um.
»Ganz schön mutig, sich so mit den Leuten anzulegen.«
»Ach, ist doch auch wahr«, gab die Kollegin zurück.
»Ich versuche, die Leute zu verstehen. In der Stadt entsteht doch langsam, aber sicher 'ne richtige Panik. Wenn ich Kinder hätte ...«
Er unterbrach sich und trat hart auf die Bremse.
»Was ist denn?«, fragte Tanja. Aber da sah sie es schon selber. Auf der Straße lag ein Kinderfahrrad mit Stützrädern. Gächter hätte dem Hindernis ausweichen können, aber er stoppte seinen Wagen, stieg aus, hob das Fahrrad auf und sah sich suchend um. Weit und breit war niemand zu sehen.
Der Kommissar lehnte das Fahrrad an ein Mäuerchen, hinter dem eine dichte Hecke wuchs. In den Zweigen der Hecke hing eine rote Kindermütze. Jetzt war auch Tanja ausgestiegen. Sie hatte jede Bewegung ihres Kollegen be-

obachtet. Gächter pflückte das Mützchen aus den Zweigen und sah es an. Er war bleich geworden.
Tanja rief laut: »Hallo, ist da jemand?«
Eine Kinderstimme ertönte: »Ja, ich!«
Tanja ging um die Hecke herum. Dicht dahinter saß ein kleines, vielleicht vierjähriges Mädchen in einem Sandkasten und formte Sandkuchen.
Gächter trat neben Tanja. »Ist das deine Mütze?«
»Mhm«, machte das Mädchen.
»Und das Fahrrad, gehört das auch dir?«
»Nein, das ist doch dem Mike seins.«
»Und wo ist der Mike?«
»Auf'm Klo. Der musste ganz dringend.«
»Aber sein Fahrrad sollte er trotzdem nicht einfach so auf die Straße werfen.«
»Der Mike ist halt so«, sagte das Kind und wendete sich wieder seinen Kuchen zu.

Als Gächter und Tanja Hohmann den Raum der Sonderkommission betraten, war Bienzle nicht da. Er sei noch immer bei der Vernehmung Madlungs, sagte Zielke und berichtete, dass der Klavierlehrer für den Mord an Christine Meinhold ein Alibi habe.
»Er hätte auch Eva Nestler nichts getan«, sagte Tanja. »Alles spricht dagegen. Ich geh und sag dem Chef Bescheid.«

Gegen acht Uhr abends betrat Gächter den schmalen Raum, in dem ihre beiden Schreibtische standen. Bienzle saß reglos auf seinem Stuhl. Er hatte die Beine weit von sich gestreckt, die Daumen in den Hosenbund gehakt und den Kopf zurückgelehnt. »Weißt du, was das Schlimmste ist?«, sagte er leise, ohne aufzusehen. »Ich kann mich auf mein Urteil nicht mehr verlassen.«

»Geh nach Hause«, antwortete Gächter, »geh endlich mal wieder heim. Ruh dich aus. Schlaf ein paar Stunden am Stück. Ich bleib hier. Es brennt bestimmt nichts an, Bienzle. Verlass dich auf mich.«

Ächzend stemmte sich Bienzle aus seinem Stuhl heraus. »Du hast Recht, Gächter. Ich muss endlich mal zur Ruhe kommen. Meine Gedanken gehen so kreuz und quer, dass ich sie gar nimmer in die Reihe kriege. So nütz ich den Ermittlungen ja auch nix.« Er legte seine Hand kurz auf Gächters Arm und verließ das Büro.

9

Als Bienzle zu Hause das Treppenhaus hinaufstieg, trat Rominger aus seiner Wohnung. »Wie sieht's aus?«
»Fraget Se lieber net«, sagte Bienzle.
»Dann wär's net schlecht, wenn's bei Ihne privat langsam wieder besser ging«, gab Rominger zurück und verschwand in seiner Wohnung.
Bienzle hatte seinem Vermieter nur mit halbem Ohr zugehört. Er stieg, ohne anzuhalten, in den zweiten Stock hinauf und schloss die Tür auf. Überrascht blieb er stehen. Die Schuhe, die kreuz und quer im Korridor gelegen hatten, als er zum letzten Mal in der Wohnung gewesen war, standen ordentlich in dem kleinen Regal unter der Garderobe. Von der Küche her duftete es nach Kaffee. Bienzle zog seine Jacke aus und starrte auf die Schweißflecke auf seinem Hemd. Sein Atem ging plötzlich schneller. »Ist da jemand?«, fragte er leise. »Hannelore, bist du's?«
Sie trat aus der Küche. »Das möchte ich dir aber auch geraten haben«, sagte sie.
»Hannelore!« Er streckte beide Hände aus, und sie griff danach.
»Dir geht's nicht gut«, sagte sie sachlich.
»Nein. Aber darum musst du dich nicht kümmern.«
»Ich will mich aber darum kümmern«, sagte sie und zog ihn an sich. »In so einer Situation kann man dich doch nicht alleine lassen.«

Sie musste schon länger in der Wohnung gewesen sein. Das Geschirr, das er in der Badewanne gesammelt hatte und irgendwann einmal in einem großen Abwasch säubern wollte, war verschwunden. Die Essensreste auf dem Küchentisch waren weggeräumt, genau wie die Kleidungsstücke, die er gewöhnlich dort achtlos liegen ließ, wo er sie ausgezogen hatte.
»Wie lang bist du denn schon da?«, fragte Bienzle.
»Seit drei Tagen habe ich immer mal wieder reingeschaut. Du hast ja wohl im Büro gehaust.«
»Die meiste Zeit, ja.« Er ließ sich müde in einen Sessel sinken. »Dieser Fall saugt mir alle Kraft aus den Knochen.«
»Ich habe gelesen, was in den Zeitungen stand. Man greift euch böse an.«
Bienzle nickte. »D' Leut habet Angscht, und aus der Angscht der Leute lässt sich im Boulevardjournalismus eine Menge Honig saugen.«
Hannelore reichte Bienzle eine Rotweinflasche und einen Korkenzieher. »Wenn es dir lieber ist, dass ich wieder gehe ...«
»Du hast doch selber g'sagt, dass man mich jetzt nicht allein lasse kann.«

Später war er in ihren weichen Armen eingeschlafen. Wie ein Kind hatte er sich an Hannelore gekuschelt. Und sie blieb reglos liegen, bis sie sicher war, dass er schlief. Dann erst zog sie sich behutsam auf ihre Seite zurück. Sie lag noch lange wach und dachte nach. Aber sie hätte die Frage nicht beantworten können, ob es für sie selber gut war zurückzukommen, wenn auch nur vorübergehend. In den vergangenen Wochen hatte sich ihr Leben verändert. Sie

hatte sich freier gefühlt, war wesentlich entschlussfreudiger geworden, hatte Menschen wieder gesehen, die sie schon fast aus den Augen verloren hatte. Ihr Leben hatte plötzlich einen anderen Rhythmus bekommen. Selbst ihr Blick auf Stuttgart hatte sich verändert. Seitdem sie viel mehr in der Stadt unterwegs war, bemerkte sie, wie viel Leben die schwäbische Metropole erfüllte. Unterstützt wurde der Eindruck durch die Tatsache, dass das Festival »Theater der Welt« nach Stuttgart vergeben worden war. Schauspieler aus aller Welt waren den ganzen Juli und August über in der Stadt. Sie wohnten im Berger Park, wo eine moderne Wohnanlage, die später Studenten, Senioren und allein stehenden Eltern ein gemeinsames Leben ermöglichen sollte, den Künstlern als eine Art olympisches Dorf diente.
Jeden Abend waren an verschiedenen Spielorten in der Stadt Aufführungen von allen Kontinenten zu sehen, und Hannelore hatte viele davon besucht. Nach den Vorstellungen trafen sich Zuschauer und Künstler rund um den Eckensee. Der Park zwischen Neuem Schloss, Opernhaus und Theater war ein einziges großes Bistro. Es war ganz leicht, ins Gespräch zu kommen. Hannelore hatte sogar wieder ihre englischen und französischen Sprachkenntnisse aufpoliert.
Amüsiert hatte sie die vielen Anekdoten gelesen, die jeden Tag in der Zeitung standen. Am besten hatte ihr jene gefallen, in der ein alter Stuttgarter in kurzen Hosen und Badelatschen aus dem Mineralbad Berg kam und an der Straßenbahnhaltestelle auf eine japanische Schauspielerin traf, die ratlos vor dem Fahrkartenautomaten stand. »Jetzt, wo willscht hin, Mädle?«, fragte der Mann. Die Japanerin antwortete: »Mainstation!« Ihr Gesprächspartner drückte

die richtigen Tasten für den Hauptbahnhof, warf das passende Geld ein und reichte der Tochter Nippons den Fahrschein. Die Aktrice kramte nach ihren Euros, aber der Schwabe stoppte sie: »Du bischt eig'lade.« Und als sie ihn verständnislos anschaute, ergänzte er: »You are mei Gueschtǃ«

Das war eben auch Stuttgart, und Hannelore lernte die Stadt mehr und mehr schätzen. Sie hatte damit begonnen, ihr Leben neu zu justieren. Natürlich fehlte ihr der Kerl manchmal sehr, der jetzt neben ihr sanft röchelnd schlief. Aber musste man deshalb immer so eng aufeinander hocken? Musste man alle seine Probleme kennen, alle seine Sorgen mit ihm teilen, auch dann noch, wenn sie auf einen selbst wie Lappalien wirkten? Hannelore seufzte, und Bienzle bewegte sich ein wenig im Schlaf. Sie sah zu ihm hinüber. Im schwachen Lichtschein, der von den Straßenlampen durch die weißen Vorhänge vor dem Fenster drang, sah sein Gesicht noch immer angespannt aus. Was den Mann im Augenblick umtrieb, war keine Lappalie. Hannelore spürte sehr wohl, dass ihr Bienzle, den sie noch immer liebte, begonnen hatte, um seine eigene Existenz zu kämpfen. Sie konnte einschätzen, was es für ihn bedeuten würde, wenn er diesmal in seinem Kampf gegen das Böse unterliegen würde.

Am nächsten Morgen frühstückten sie gemeinsam. Sie redeten nur über Belanglosigkeiten. Die wichtigen Dinge hatten sie am Abend zuvor schon besprochen. Hannelore würde nicht bleiben, aber sie wollten sich wieder häufiger sehen.

Bienzle hatte gesagt: »Ich brauche deinen Ratǃ«

Sie hatte nur lächelnd den Kopf geschüttelt. »Den hast du

noch nie gebraucht, und es ist auch besser, du folgst deiner Intuition.«
»Meiner Intuition? Ich glaube nicht, dass es der Anschütz war, und halte es doch jeden Tag ein bisschen mehr für möglich.«
»Wäre es denn so schlimm, wenn du ihn aus dem Verkehr ziehen würdest?«
»Ohne Beweise? Nur auf Vermutungen hin?«
»Wenn er's aber doch war? Und wenn er's wieder tut?«
»Das wär für mich das Ende«, sagte Bienzle. Er ging zum Fenster und sah auf das Thermometer, das draußen angeschraubt war. »Es hat schon wieder 27 Grad, dann werden's heut wieder über 30!«
»Wetter für Triebtäter.«
»Was?«
Hannelore lächelte. »Deine Worte, Bienzle!«

Gemeinsam hatten sie das Haus verlassen. Rominger stand hinter seinem Küchenfenster und hatte die Scheibengardine etwas zur Seite geschoben. »Na also«, sagte er zufrieden. »Geht doch!« Er hätte es zwar nie zugegeben, aber die beiden waren ihm ans Herz gewachsen. Er war sogar ein bisschen stolz, dass der stadtbekannte Kriminalkommissar in seinem Haus wohnte. Im Gesangverein »Liederkranz«, wo er im Bariton sang, erweckte Rominger gerne einmal den Anschein, dass der Bienzle ohne ihn und seine guten Ideen oft nicht so schnell ans Ziel gekommen wäre. Und Hannelore Schmiedinger war in den letzten Jahren als Malerin und Illustratorin auch immer bekannter geworden. Auch mit ihr konnte er sich manchmal aufwerten – je nachdem, mit wem er zusammensaß.

Die beiden verabschiedeten sich mit einem eher freundschaftlichen Kuss. Bienzle stieg in seinen Dienstwagen. Hannelore ging zu Fuß Richtung Straßenbahn. Sie wollte in einem Eckladen am Ende der Straße noch einkaufen. Später schalt sie sich dafür. Es wäre besser gewesen, in irgendein Geschäft in der Stadt zu gehen, wo man sie nicht kannte. Hier wusste jeder, dass sie mit dem Kriminalhauptkommissar Bienzle zusammenlebte. Zum Beispiel Frau Grieshaber, die im Dachstock des Nachbarhauses wohnte. Als sie Hannelore hereinkommen sah, hob sie ihre Stimme und rief, ohne jemanden direkt anzusprechen, quer durch den Laden: »Jetzt sind's schon über acht Tag', seitdem man des Kind gefunden hat. Und fast zwei Woche, seitdem es verschwunden ischt.« Sie sah Hannelore Schmiedinger herausfordernd an und sagte dann direkt zu ihr: »Aber bei der Polizei geht, scheint's, nix vor und nix z'rück.«
»Ich weiß nicht, warum Sie *mir* das sagen«, antwortete Hannelore.
Eine andere Frau mischte sich ein: »Was erzählt er denn – Ihr Mann?«
»Wir reden nicht darüber.«
»Ha, des gibt's doch net. Des sollet mir Ihne glaube?«, rief eine dritte.
»Glauben Sie's oder lassen Sie's. Aber so ist es!«
»Na ja, Sie hent ja koine Kinder«, zischte Frau Grieshaber. Dann wandte sie sich an die anderen: »Sie schwätzet ja, scheint's, sowieso nimmer so viel mitanander, die Frau Schmiedinger und der Herr Bienzle.«
Hannelore stellte die Waren aus ihrem Korb in die Regale zurück und verließ wortlos das Geschäft.

»Und jetzt spielt sie au no die beleidigte Leberwurscht«, schimpfte die Frau an der Kasse.
Als Hannelore wieder auf der Straße stand, musste sie erst ein paar Mal tief durchatmen. Plötzlich verstand sie nicht mehr, warum sie in letzter Zeit so viele Sympathien für Stuttgart entwickelt hatte.

10

Bienzle besuchte das Ehepaar Hagen. Elenas Vater öffnete ihm die Tür. »Ich wollte Sie über unsere bisherigen Ermittlungsergebnisse informieren«, sagte der Kommissar.
»Ermittlungsergebnisse?? Sie kommen doch keinen Schritt weiter!«
Bienzle sah ihm in die Augen: »Woher wissen Sie denn das?«
»Ich weiß es, des langt doch.« Hagen funkelte den Kommissar böse an.
»War ein Herr Grossmann bei Ihnen?«
Die beiden Männer waren inzwischen ins Wohnzimmer gegangen, wo Frau Hagen still auf dem Sofa saß. Ihre Hände hatte sie zwischen die Knie gepresst. Ihr Kopf war gesenkt. Es sah aus, als würde sie beten. Als der Name Grossmann fiel, sah Frau Hagen kurz auf und wechselte einen Blick mit ihrem Mann.
»Herr Hagen«, sagte Bienzle in eindringlichem Ton, »wir machen unsere Arbeit wirklich nach bestem Wissen und Gewissen. Unser ganzer Apparat arbeitet auf Hochtouren. Wir kommen Schritt für Schritt voran.«
»Aber das langt nicht!«
Plötzlich begann Frau Hagen zu reden. Ganz für sich selbst, so als ob sie die beiden Männer gar nicht wahrgenommen hätte. Sie sprach wie in Trance: »Immer, wenn ich draußen Schritte höre, denke ich, jetzt kommt jemand und sagt uns,

dass das alles nicht stimmt. Sie haben Elena gefunden. Sie lebt.«
Hagen legte seine Arme um seine Frau und zog sie an sich. »Carmen!«
»Ein Irrtum! Sie haben sich getäuscht. Man hat sie verwechselt ...«
Bienzle sagte zu Hagen: »Wir müssten eine Aufstellung aller Personen haben, mit denen Elena näher bekannt war.«
»Was?« Es schien, als habe der Hausherr nicht richtig zugehört.
»Unsere Experten sind noch immer auf der Spurensuche. Und es könnte sein, dass wir plötzlich Proben haben, die wir sehr schnell vergleichen müssen.«
»Sie denken doch da an unsere Freunde, unsere Verwandten und so weiter, oder?«
»Es kann sein, dass Elena den Mann gekannt hat. Mit einem völlig Fremden wäre sie vielleicht nicht so ohne weiteres mitgegangen.«
»Es muss ein anderes Mädchen sein«, ließ sich Frau Hagen wieder hören. »Ich weiß nicht, wo Elena ist, aber sie wird zurückkommen. Ganz bald wird sie ...« Plötzlich vergrub sie ihr Gesicht in den Händen.
Ihr Mann zog sie enger an sich. »Schatz, quäl dich doch nicht so.« Über den Kopf seiner Frau hinweg sagte er zu Bienzle: »Ich mache die Aufstellung.«
Der Kommissar verließ leise die Wohnung. Er hörte noch, wie Frau Hagen in ihrem seltsamen Singsang ein ums andere Mal sagte: »Sie ist nicht tot. Mein Kind ist nicht tot. Elena lebt. Sie werden sie finden.«

Bienzle stellte seinen Dienstwagen im Hof des Präsidiums ab und ging auf den Eingang des Gebäudes zu. Seine Jacke trug er am Zeigefinger, den er durch den Aufhänger geschoben hatte, über der Schulter. Die Temperatur war rasch gestiegen, und es ging kein Windhauch. Bienzle fühlte sich, als habe jemand eine Schraubzwinge an seinen Schläfen festgedreht, und der Druck nahm ständig zu. Der Kommissar war tief in Gedanken und hatte deshalb keinen Blick für seine Umgebung. Plötzlich wurde dicht vor ihm die Fahrertür eines Wagens aufgestoßen. Der Kommissar wäre um ein Haar dagegengerannt.
Grossmann stieg aus dem Auto. »Was ist?«, fragte der Exkommissar scharf und ohne sich mit einem Gruß aufzuhalten. »Lassen Sie den Anschütz überwachen?«
»Ich denk, des machet Sie«, gab Bienzle gallig zurück.
»Mir ist es nicht nach Witzen zumute.«
»Mir, weiß Gott, auch nicht.«
»Heut ist wieder Freitag«, sagte Grossmann.
»Arbeiten Sie auch mit der Theorie, dass der Täter immer am gleichen Wochentag zuschlägt?«
»Bisher nicht. Aber der Gedanke hat was für sich. Der Anschütz hat übrigens für heut freigenommen.«
»Wo?«
»Bei seinem Fahrradkurierdienst.« Es lag ein unüberhörbarer Triumph in Grossmanns Stimme.
»Er wird was vorhaben.« Bienzle versuchte so beiläufig wie möglich zu reden.
»Ja, das mein ich doch! Man darf den Kerl keine Sekunde aus den Augen lassen.«
»Klingt, als forderten Sie Verstärkung an.«
»Sie können sich über mich lustig machen, Kollege Bienzle,

aber wer zuletzt lacht ...« Grossmann stieg wieder in seinen Wagen und schlug die Fahrertür zu.
»Mir ist das Lachen längst vergangen«, sagte Bienzle mehr zu sich selbst und verschwand kopfschüttelnd im Präsidium.

Tanja Hohmann referierte gerade, als Bienzle den Raum der Sonderkommission betrat. Auch sie beschäftigte der Gedanke, dass der Täter jeweils an einem Freitag zugeschlagen hatte. Bienzle hörte ruhig zu und wartete, bis Frau Hohmann zum Ende kam. Dann sagte er: »In meinem Viertel kommt jeden Dienstag der Neufrostmann.«
»Der wer?«, fragte Zielke.
»Ein Mann, der Tiefkühlkost ins Haus liefert.«
»Und sollen wir nun rauskriegen, wann der in der Ludwigstraße und Umgebung ...«
»Noi, natürlich net!«, unterbrach ihn Bienzle. »Aber wir sollten ermitteln, ob es Menschen gibt, die nur an Freitagen in die Gegend kommen.« Er sah sich um. »Wo ist eigentlich der Gächter?«
»Er war der Meinung, dass uns der Bewährungshelfer von Anschütz bisher zu wenig erzählt hat«, sagte Tanja Hohmann.
Bienzle nickte. »Ja, da könnt er Recht haben.«

Gunther Heinze bewohnte eine Zweizimmerwohnung im obersten Stock eines fünfgeschossigen Altbaus, ganz in der Nähe des Kurbades Bad-Cannstatt.
»Kommen Sie rein«, empfing er Gächter. »Es wäre mir allerdings lieber gewesen, wenn Sie sich vorher angemeldet hätten. In einer Viertelstunde besucht mich ein Klient.«
»Ich glaube nicht, dass ich länger brauche.« Gächter sah

sich um. Das Wohn- und Arbeitszimmer war mit einfachen Möbeln eingerichtet: Regalen aus hellem Holz, einem Schreibtisch Marke Eigenbau, der aus einer Holzplatte und zwei Böcken bestand, einer schwarzen Ledercouch und zwei weißen Segeltuchsesseln. In den Regalen standen nur wenige Bücher. Schwarzweißdrucke an der Wand zeigten Picassos »Don Quichotte« und eine nackte Frau, die ein sich aufbäumendes Pferd straff am Zügel hielt.

»Heiß hier!«, sagte Gächter.

»Ja, darüber ist nur noch ein flacher Dachboden. Das Haus ist schlecht isoliert.« Den Temperaturen angepasst, trug Heinze nur eine kurze Hose und ein rosafarbenes T-Shirt. Er bot Gächter eisgekühltes Zitronenwasser an, das er in einem Glaskrug aus dem Kühlschrank holte.

Währenddessen musterte Gächter den Schreibtisch Heinzes. »Sie halten sich offenbar auf dem Laufenden.« Der Bewährungshelfer hatte anscheinend alle Artikel, die in der örtlichen und überregionalen Presse über den Kindermord erschienen waren, gesammelt.

»Mein Gott, ich mache mir Sorgen«, rief Heinze aus der Küche. »Für die Zeitungen ist Kai doch schon wieder der Täter.«

»Nicht für alle«, gab Gächter zurück.

»Aber für die Massenblätter!« Der Bewährungshelfer kam in das Wohnzimmer zurück. »Nehmen Sie doch Platz.«

Gächter blieb stehen. Er trank das Glas, das Heinze ihm reichte, in einem Zug aus.

Heinze warf sich in seinen Schreibtischstuhl. »Warum meldet er sich nicht bei mir?? Seit Tagen versuche ich, Kai zu erreichen. In seiner Wohnung ist er nicht. Auf der Arbeit auch nicht.«

»Sie meinen, er könnte flüchtig sein?«
»Nicht unbedingt. Er ist halt ein unbeständiger Mensch.«
»Trauen Sie Kai Anschütz zu, die Tat an den beiden Mädchen begangen zu haben?«
Heinze wiegte den Kopf hin und her. »So etwas schlummert oft lange in einem Menschen. Er will es ja nicht tun. Aber dann ... ja, wie soll ich sagen ...?«
»... wächst der innere Drang. Sie können auch sagen, der Trieb, gegen den er ab einem bestimmten Punkt nicht mehr ankommt. Meinen Sie das?«
Heinze nickte heftig. »Eine Obsession, die latent vorhanden ist und nur in Abständen hochkommt. Dann aber übermächtig werden kann. So ein Mensch steigert sich in derartigen Situationen in einen Rauschzustand hinein. Und wenn es dann geschehen ist, steht er völlig ratlos vor seinem Opfer. Er wollte es ja nicht tun.«
Gächter nahm den Faden auf: »Aber das Kind kennt ihn. Es kann ihn verraten. In seiner Verzweiflung tötet er es.«
Gächter musterte den Bewährungshelfer. »Sie kennen sich gut aus.«
»Sie aber auch.«
»Wir haben eine Kollegin, die alle Literatur, die es dazu gibt, aufgearbeitet hat. Trauen Sie Ihrem Schützling zu, dass er so handelt?«
»Wie? Nein!! Natürlich nicht. Oder nur so, wie ich es auch Ihnen zutrauen würde.«
»Oder jedem anderen.«
»Vielleicht.«
»Die Täterprofile bestätigen das«, sagte Gächter. »Die Männer, die so etwas getan haben, waren meistens in ihrem alltäglichen Leben absolut unauffällig.« Er stellte sein Glas

hart auf den Schreibtisch. »Lassen wir mal diese ganze Küchenpsychologie. Gibt es irgendeinen Hinweis für Sie, dass Kai Anschütz der Täter sein könnte?«

»Sie meinen einen sachlichen, greifbaren … Tut mir leid, nein!« Gunther Heinze wischte sich den Schweiß von der Stirn. »Wenn ich das Geld hätte, würde ich mir hier eine Klimaanlage einbauen lassen.« Im gleichen Moment klingelte es. Heinze machte eine entschuldigende Geste.

»Schon gut«, sagte Gächter und ging neben dem Bewährungshelfer zur Tür. »Wir sollten in Kontakt bleiben.«

»Unbedingt!« Heinze öffnete die Tür. »Komm rein, Udo!«

Auf der Schwelle stand ein dürrer, kleiner Mann, der ebenfalls kurze Hosen trug, dazu ein achselfreies Shirt. Beide Arme waren tätowiert.

»Udo, das Frettchen«, sagte Gächter.

Der Neuankömmling sah zu ihm hoch, grinste, deutete auf Heinze und fragte: »Wat hat er denn ausgefressen?«

Der Bewährungshelfer lachte. »Bist ja gut drauf, Udo.«

»Ja logisch. Immer!«

Udo Klapproth war ein der Polizei bekannter Gewohnheitstäter. Gächter wusste nicht, wie viele Einbrüche und Diebstähle auf das Konto des Ganoven gingen und wie viele Jahre er im Knast zugebracht hatte, wenn man alle Aufenthalte hinter Gittern zusammenzählte. Udo war gerne im Gefängnis. »Da bin ich weg von der Straße und hab ein Dach überm Kopf.« Man sah es dem ausgemergelten Mann nicht an, aber er war ein guter Koch. Und deshalb freuten sich die Mitgefangenen auch immer, wenn er wieder für ein paar Monate »einfuhr« und mit schöner Regelmäßigkeit der Küche zugeteilt wurde.

Gächter kannte aber auch eine andere Seite Udo Klapproths.

Er verdiente sich ab und zu ein paar Euro als Polizeispitzel. Der Kerl war ohne Moral. Um an Zigaretten und Alkohol zu kommen, hätte Udo auch seine Mutter verraten. Dass er bis heute im Milieu nicht aufgefallen war, lag daran, dass er immer nur mit Bienzle redete, den er seit fünfundzwanzig Jahren den »Bullen seines Vertrauens« nannte.

Wenn irgendwer im Präsidium eine Information brauchte, von der er glaubte, Udo Klapproth könne sie liefern, wandte er sich an Bienzle. Der Hauptkommissar lud dann den dünnen Mann zu einem Ausflug auf die Schwäbische Alb ein, speiste mit ihm im Gestütsgasthof Ofenhausen oder auch im *Grünen Baum* in Lonsingen. Sie redeten über dies und das. Bienzle über ein Buch, das er gelesen hatte, und Udo über neue Rezepte oder über eine Oper, die er gesehen hatte; denn das war neben dem Kochen und Stehlen Udos dritte Leidenschaft: die Oper. Seit dreißig Jahren hatte er einen guten Anzug, den er »meinen Konfirmationsanzug« nannte, und wenn er genügend Geld zusammengekratzt oder -geklaut hatte, setzte er drei Tage den Alkohol ab und ging in die Stuttgarter Oper.

Bienzle liebte die Art, wie Udo Klapproth bei ihren Treffen die Handlung nacherzählte. *Tosca* zum Beispiel: »Dat müssen Sie sich mal vorstellen: Sagt der Saukerl doch zu der Frau: ›Wir tun nur so, als ob wir Ihren Geliebten erschießen tun.‹ Und die glaubt ihm dat auch noch! Und dann: Peng, peng, peng. Der Maler fällt auf die Fresse, die Soldaten marschieren ab. Tosca sagt: ›Nu kannste wieder aufstehen, Geliebter.‹ Und wat is? Tot isser! Und dann springt die doch tatsächlich von der Engelsburg runter und is auch hin.«

Gächter sah von Udo Klapproth zu Gunther Heinze und wieder zurück. »Na, da wünsche ich guten Erfolg bei der Resozialisierung«, sagte er.
Klapproth feixte: »Das wird schon, Gächter. Und grüß mir den Bienzle.« Ein wenig ärgerte sich Gächter darüber, dass der kleine Ganove ihn duzte. Bei Bienzle wäre ihm das nie eingefallen, obwohl er den viel besser kannte. Oder grade darum.

11

»Sie haben das gewusst«, sagte Tanja Hohmann.
Bienzle schüttelte den Kopf. »Net amal geahnt!«
»Aber es stimmt«, rief Zielke. »Der Neufrostmann kommt jeden Freitag in das Viertel. Und mit den Kindern kann er's besonders gut.« Zielke und seine Kollegin hatten in der Wohngegend rund um die Ludwigstraße ermittelt.
»Immer derselbe Eismann?«, fragte Bienzle.
»Nein, aber laut Dienstplan war Giovanni Moreno sowohl an dem Tag dort, als Christine Meinhold verschwand, als auch an dem Tag, als Elena Hagen verschleppt worden ist.«
»Das beweist doch gar nichts«, ließ sich Schreitmüller hören.
»Da muss ich Ihnen ausnahmsweise Recht geben«, sagte Bienzle. »Trotzdem, wir sind ja sowieso in der Gegend präsent. Da schadet's ja nichts, wenn wir auch ein Auge auf den Neufrostmann haben.«
»Es ist übrigens heut derselbe wie damals«, ergänzte Zielke, »Giovanni Moreno. Zwei Kollegen beobachten ihn. Gollhofer und Geiger.«
»Gut«, sagte Bienzle. »Und sonst?«
Gächter kam herein. Im gleichen Augenblick meldete sich Schreitmüller: »Der Anschütz hat heut einen Tag freigenommen.«
Bienzle nickte. »Ja, das hat mir der Herr Grossmann auch schon gesagt.«

Schreitmüller wurde rot und biss sich auf die Unterlippe.
»Ich denke, der Kai Anschütz ist schon seit Tagen nicht mehr bei seiner Arbeit erschienen«, rief Gächter dazwischen.
»Wer sagt das?«, wollte Bienzle wissen.
»Sein Bewährungshelfer.«
»Da kannst du mal sehen, wie der sich um seinen Schützling kümmert«, warf Zielke ein.
»Vielleicht stecken die zwei ja unter einer Decke«, meinte Schreitmüller.
Bienzle winkte ab. »Der Heinze ist ein Faulenzer, weiter nix. Einer von der Sorte, die Arbeit nur vortäuscht.« Er sah beiläufig die Berichte seiner Mitarbeiter durch, eine Ansammlung nichtssagender, teils abstruser Zeugenaussagen. Wenn man sie alle zusammennahm, hatten in gut zweihundert Fällen die unterschiedlichsten Unholde um ein Haar Kinder entführt. Leicht zu erkennen waren die Denunzierungen verhasster Nachbarn und Bekannter, denen die – meist anonymen – Schreiber unterstellten, möglicherweise der Kinderschänder zu sein.
Bienzle warf den Stapel in die Kiste mit der Aufschrift »Zeugenaussagen«, stand auf und verkündete: »Ich bin mal für ein, zwei Stunden unterwegs.«

Er stieg in die Straßenbahn, fuhr bis zur Haltestelle Südheimer Platz und machte sich zu Fuß auf den Weg in das Viertel, wo die Familien Hagen und Meinhold wohnten. Die Hände auf dem Rücken verschränkt, den Kopf weit nach vorne gebeugt, ging er mit langen Schritten auf den Schwabtunnel zu, stieg auf der einen Seite die Treppe hinauf und auf der anderen wieder hinab. Sein Blick folgte der Straßenschlucht, die in leichten Auf- und

Abwärtsbewegungen auf den Hölderlinplatz lief. Dort, wo die Straße endlich eine leichte Biegung machte und von der Johannesstraße gequert wurde, stand der Eiswagen der Firma Neufrost. Bienzle beschleunigte unwillkürlich seine Schritte.
Die Temperaturen hatten weiter zugenommen und längst die 30-Grad-Marke überschritten. Bienzle spürte, wie der Schweiß zwischen seinen Schulterblättern hinabrann. Sein Hemd war klitschnass. Einen Augenblick blieb er stehen, nahm den Hut vom Kopf und wischte das Schweißband mit dem Taschentuch trocken. Sein Atem ging schwer. Er nahm sein Funktelefon aus der Tasche und erkundigte sich, ob der Neufrostmann Moreno überwacht werde. Man stellte ihn zu Gollhofer durch.
»Keine besonderen Vorkommnisse«, sagte der, und Bienzle glaubte zu hören, wie der Kollege die Hacken zusammenschlug. »Er fährt jetzt die Traubenstraße hinauf. Wir bleiben dran.«
»Ich bin ganz in der Nähe«, sagte Bienzle. Er erreichte die Kreuzung nach fünf Minuten. Giovanni Moreno hatte vor einem Mehrfamilienhaus gehalten. Er öffnete gerade die Isoliertür, als Bienzle in die Traubenstraße einbog. Ein kleines Mädchen kam aus dem Haus. Bienzle hörte, wie es rief: »Krieg ich ein Eis?«
»Du machst mich langsam arm«, antwortete Moreno. »Was krieg denn ich von dir, hä?«
»Was möchtest du denn?«
»Muss ich mal überlegen.« Der Tiefkühlkostverkäufer reichte dem Kind ein Eis am Stiel und fuhr ihm mit gespreizten Fingern durch das Haar.
»Danke.« Das Kind war begeistert. Moreno verschwand

mit einer grünen Styroporkiste im Haus. Bienzle tupfte den Schweiß von der Stirn. Er stand jetzt zehn Meter von dem Eiswagen entfernt unbeweglich im Schatten einer Platane. Aus den Augenwinkeln sah er seine Kollegen Geiger und Gollhofer in einem Golf sitzen, der knapp dreißig Meter hinter dem Eiswagen geparkt war. Moreno kam mit der leeren Kiste aus dem Haus zurück und verwahrte sie in einem Fach neben der Isoliertür. Gleichzeitig rief er dem Mädchen zu: »Magst du eine Runde mitfahren, Kathrin?«
»Au ja«, rief das Kind und ließ sich von dem Fahrer auf den Beifahrersitz heben. Moreno umrundete den Kühler seines Kleinlasters, so dass ihn der Kommissar einen Augenblick nicht sehen konnte. Bienzle rannte los und machte seinen Kollegen ein Zeichen. Er sah, wie sie aus dem zivilen Dienstfahrzeug sprangen. Der Neufrostmann zog sich in seine Fahrerkabine hinein.
Bienzle schrie: »Halt, Moment. Warten Sie!«
Im gleichen Augenblick wurde der Motor gestartet. Moreno fuhr vom Gehsteig weg. Er gab kräftig Gas und schaltete schnell in den zweiten Gang. Gollhofer und Geiger waren zu ihrem Wagen zurückgerannt und hatten sich hineingeworfen. Mit aufheulendem Motor und quietschenden Reifen fuhren sie los. Schon nach zweihundert Metern überholten sie den Eiswagen, und Gollhofer stellte das Dienstfahrzeug quer. Moreno bremste so heftig, dass das Kind von der Sitzbank flog und gegen das Armaturenbrett geschleudert wurde. Die beiden Beamten sprangen heraus und richteten ihre Dienstpistolen auf die Frontscheibe des Neufrostlasters. Ungläubig starrte der Verkaufsfahrer auf die Waffen.
Bienzle erreichte die Stelle nur wenige Augenblicke später.

Gollhofer befahl gerade: »Aussteigen und mit erhobenen Händen rauskommen.«
Die kleine Kathrin weinte und rieb sich den Arm, den sie sich offenbar geprellt hatte. In den Häusern rundherum gingen die Fenster auf. Die wenigen Passanten blieben stehen.
Bienzle sagte: »Jetzt no nix Narrets, wenn's pressiert!« Er trat an die Fahrertür, öffnete sie und hielt Moreno seinen Dienstausweis unter die Nase. »Wir sind von der Kripo.«
»Kripo?? Sie meinen Polizei?«
Bienzle sah das Kind an. »Du heißt Kathrin, gell?«
Das Mädchen nickte heftig und schniefte dabei, aber es hörte auf zu weinen.
»Wo wollten Sie hin mit dem Kind?«, fragte der Kommissar.
»Nirgendwohin, sie wär 'ne Runde mitgefahren und vor ihrem Haus hätt ich sie wieder ausgeladen.«
»Macht er das öfter?«, fragte Bienzle Kathrin.
Das Kind antwortete nicht.
»Was geht Sie denn das alles an?«, wollte der Eismann wissen.
»Sie heißen Giovanni Moreno, gell?«
»Ja.«
»Ich heiß auch Moreno«, rief jetzt Kathrin. »Kathrin Moreno.«
»Dann seid ihr verwandt?«
»Sie ist die Tochter meines Bruders«, sagte der Neufrostmann. Er saß noch immer hinter seinem Steuer. Geiger und Gollhofer hielten unverändert ihre Waffen auf ihn gerichtet. Der Motor des Kleinlasters brummte vor sich hin.
»Ziehen Sie mal den Zündschlüssel ab«, sagte Bienzle und

zu seinen Kollegen: »Und ihr steckt die Waffen ein.« Der Motor verstummte.
»Sie waren vorletzten Freitag auch in der Gegend?«
»Müsst ich nachsehen. Aber kann ich jetzt endlich erfahren, was überhaupt los ist?«
»Steigen Sie aus!«
Widerstrebend kletterte Moreno aus seinem Führerhaus. Die Straße herunter kam eine etwa fünfunddreißigjährige Frau. Sie trug sehr knappe Shorts und ein T-Shirt.
»Mama«, rief Kathrin, »das sind Männer von der Polizei.«
Frau Morenos Schritte wurden schneller.
Bienzle machte eine beschwichtigende Geste. »Halb so wild.«
Die junge Frau erreichte den Eiswagen und hob ihr Töchterchen vom Beifahrersitz herunter. »Wie oft soll ich dir noch sagen, ich möchte nicht, dass du mit Giovanni durch die Gegend fährst.«
»Warum möchten Sie das nicht?«, fragte Bienzle
»Was geht denn Sie das an?«, schnappte die junge Mutter.
Bienzle stellte sich vor und sagte dann: »Wir ermitteln wegen der beiden Morde an den Mädchen. Sie kennen vielleicht die Familie Hagen?«
»Ach so. Ja, ja, natürlich kenn ich die Hagens.« Frau Moreno musterte ihren Schwager mit einem seltsamen Blick. »Was hast denn du damit zu tun?«
Moreno verdrehte die Augen. »Nichts, natürlich.«
Frau Moreno sah ihn an, als ob sie ihm nicht trauen würde.
Bienzle entging dieser Blick nicht. »Wir müssen jeder Spur nachgehen, und sei sie noch so klein. Und deshalb haben wir auch ermittelt, wer an den Tagen, an denen die Mädchen verschwunden sind, hier im Viertel war. Und ein Mann,

der zwar von außen kommt, die Kinder hier aber wohl alle kennt, ist ihr Schwager Giovanni. Deshalb haben wir natürlich auch ihn überprüft. Und nun kommen wir zufällig dazu, wie er ein kleines Mädchen in seinen Wagen einsteigen lässt. Sie müssen entschuldigen, aber Sie können sich vielleicht vorstellen, was da in einem Polizistenhirn vor sich geht.«
Frau Moreno nickte. »Ich versteh Sie gut.« Sie sah ihren Schwager aus schmalen Augen an. »Und es passieren ja auch manchmal Dinge …«
»Was meinen Sie denn damit?«, fragte Bienzle.
»Nichts Besonderes! Komm, Kathrin, wir gehen heim.« Die Frau nahm ihr Kind an der Hand, blieb aber noch stehen.
Bienzle wandte sich zu Gollhofer um. »Ihr nehmt bitte die Personalien von Herrn Moreno auf.«
Gollhofer nahm Haltung an. »Wird gemacht!«
Der Kommissar fingerte aus seiner Brieftasche ein DIN-A6-großes Papier heraus und reichte es Moreno.
»Was ist das?«, fragte der Tiefkühlkostverkäufer.
»Eine Vorladung. Kommen Sie, wenn Sie mit Ihrer Tour fertig sind.«
»Aber warum?«
»Ich möchte mich einfach noch mal mit Ihnen unterhalten. Vielleicht haben Sie ja am vorletzten Freitag etwas beobachtet.«
»Nicht, dass ich wüsste.«
»Manchmal erinnert man sich erst, wenn man richtig befragt wird.« Bienzle schenkte Moreno ein Lächeln. Dann nickte er Frau Moreno zu und sagte zu dem kleinen Mädchen: »Mach's gut, Kathrin.«
»Ja, du auch«, erwiderte das Kind mit ernstem Gesicht.
Bienzle verabschiedete sich von den Kollegen und ging die

Rosenbergstraße hinunter. Zehn Minuten später erreichte er den Hoppenlaufriedhof. Er liebte diesen Gräberpark mitten in der Stadt. Die hohen Bäume spendeten Schatten. Eine Amsel sang in der Krone einer uralten Blutbuche. Der Kommissar ließ sich auf einer Bank in der Nähe von Wilhelm Hauffs Grab nieder.

Als er noch ein Kind war, hatte ihm seine Tante Anna, die eigentlich eine Großtante war, die Märchen des Dichters erzählt. Auswendig und doch fast nahezu im Wortlaut. *Zwerg Nase* liebte der kleine Ernst besonders, aber auch *Der kleine Muck, Kalif Storch, Das kalte Herz* und vor allem *Das Wirtshaus im Spessart*. Später hatte er dann mit großer Begeisterung den Roman *Lichtenstein* gelesen.

Ernst Bienzle stand auf, ging zu dem mit dichtem Efeu umwachsenen Grabstein hinüber. ›Wilhelm Hauff‹, las er, ›geboren am 29. November 1802, gestorben am 18. November 1827.‹ Er erschrak. Der Dichter war nur 25 Jahre alt geworden. Und gleich fiel ihm der Spruch seines Freundes Scheuthle ein, der neulich zu ihm gesagt hatte: »In unserem Alter send andere scho zwanzig Jahr tot!«

Mit auf dem Grabstein waren Wilhemine Hauff und Luise Hauff, geborene Hauff, verewigt. Bei Gelegenheit wollte Bienzle in der Lebensgeschichte des Dichters nachforschen, wie die Familienverhältnisse waren. Ganz unten las er auf dem schlichten Steinblock noch die Zeile: ›Ach, sie ruhen nur eine Weile.‹

Bienzle setzte sich noch einmal auf die Bank. Ein leiser Windhauch kam auf. Zu der Amsel gesellte sich eine zweite Vogelstimme. ›Warum singen die am helllichten Tag?‹, fragte sich der Kommissar, beschloss dann aber, dass ihn im Augenblick ganz andere Fragen zu beschäftigen hatten.

Zwei Mädchen kamen über den grünen Friedhof. Die eine fuhr einen kleinen silbernen Roller aus Metall, die andere lief neben ihrer Freundin her. »Du«, rief die erste mit wichtiger Stimme, »ich hab am Sonntag Geburtstag!« Die andere antwortete: »Ich hab am 3. Dezember Geburtstag.« Bienzle schüttelte den Kopf. Seine Tante Anna hätte gesagt: ›So sind d' Leut, sie denket emmer nur an sich selber.‹ Aber dass das schon so früh begann …
Die beiden Kinder passierten seine Bank. Das kleinere Mädchen sah kurz zu ihm herüber und rief dann der anderen zu: »Hascht den Opa g'sehe. Der ischt oheimlich müd!«
Leise sagte Bienzle: »Kindermund tut Wahrheit kund.« Er stand ächzend auf. »Aber wenigstens schwätzet se no Schwäbisch.« Bei Kindern hörte man das immer seltener. Der Dialekt verschwand mehr und mehr.

Bis zum Hauptbahnhof ging er weiter zu Fuß. Vor die Sonne waren jetzt weiße Federwolken gezogen wie ein Gazevorhang. Ein Schatten schob sich über die Stadt. Der leichte Wind hatte sich wieder gelegt. Die Luft war dumpf und ließ sich nur schwer atmen.
Bienzle stieg in die Straßenbahn Nummer 14 ein. Sie war nur halb besetzt. Die Menschen wirkten apathisch auf ihn. Die meisten starrten vor sich hin, andere hatten die Augen geschlossen. Seltsamerweise las diesmal niemand in einem Buch oder einer Zeitung. Bienzle kam es vor, als habe sich Mehltau über die ganze Stadt gelegt. Vielleicht kam ja bald ein Gewitter, dann würde sich die Stimmung wieder ändern, hoffte er.
Sein Blick fiel auf einen Mann, der drei Bänke weiter vorne

mit dem Rücken zu ihm saß. Auf seinem Kopf kräuselten sich nur wenige blonde Haare. Die kahle Haut darunter glänzte vom Schweiß.
Bienzle stand auf und ging nach vorne. »Herr Heinze?« Der Bewährungshelfer sah auf.
»Darf ich?«, fragte der Kommissar und setzte sich neben Heinze, noch bevor der auf die Frage antworten konnte. Die wassergrauen Augen schauten ihn fragend an.
»Sie haben uns angelogen«, sagte der Kommissar.
»Was soll 'n der Scheiß? Wer behauptet das?«
»Sie haben zu meinem Kollegen Gächter gesagt, Kai Anschütz sei in den letzten Tagen bei seiner Arbeitsstelle nicht zu erreichen gewesen.«
Heinze nickte. »Ich weiß auch nicht, warum ich das gesagt habe. Gut, ich geb zu, ich hab ihn vernachlässigt, aber er macht es mir auch nicht leicht. Jetzt bin ich grade auf dem Weg ins Präsidium, um das richtigzustellen.«
Bienzle musterte den Mann. »Wir sind darauf angewiesen, dass man uns die Wahrheit sagt.«
»Ja, ja, natürlich.« Heinzes rundes Babygesicht war in Schweiß gebadet.
»Heiß heut«, sagte Bienzle.
»Unerträglich«, bestätigte Heinze.
Dann sprachen sie eine Weile gar nichts. Schließlich nahm der Kommissar wieder das Wort. »Der Täter, wenn es derselbe ist, hat die Mädchen immer freitags entführt.«
Heinze sah auf. »Heute ist Freitag.«
Bienzle nickte. »Und es ist so unheimlich schwül. – Wir sind da!«
Die beiden stiegen aus. Als Heinze seinen Fuß auf die Verkehrsinsel setzte, sagte er: »Eigentlich könnte ich die nächs-

te Bahn zurücknehmen. Ich habe Ihnen ja gesagt, was ich Herrn Gächter erklären wollte.«
»Mehr haben Sie nicht zu sagen?«
»Nein. Doch. Vielleicht, dass es mir leid tut.«
Bienzle blieb dicht vor dem Bewährungshelfer stehen. »Sind Sie eigentlich sicher, dass Sie den richtigen Beruf haben?«
Heinze blinzelte. Das helle Grau seiner Augen verfärbte sich und wurde dunkler. »Absolut. Da bin ich mir absolut sicher. Ich habe schon vielen Menschen helfen können. Sehr vielen sogar.«
Bienzle antwortete mit einem unbestimmten Ton, der wie das Knurren eines Hundes klang. Von der Nürnberger Straße her kam die Gegenbahn.
»Wiedersehen, Herr Bienzle«, sagte Heinze.
»Wiedersehn!« Bienzle ging davon, ohne sich noch einmal nach dem Mann umzusehen.
Inzwischen hatten sich die Wolken verdichtet, der Schatten über der Stadt war noch dunkler geworden. Aber es sah trotzdem nicht nach Regen oder einem Gewitter aus.

Als der Kommissar ins Präsidium zurückkehrte, überraschte ihn Tanja Hohmann mit der Nachricht, dass Giovanni Moreno eine ziemlich umfangreiche Polizeiakte habe. Er war 1988 zusammen mit seinem zwei Jahre älteren Bruder Luigi nach Deutschland gekommen. Die beiden hatten gemeinsam eine Eisdiele in Reutlingen aufgemacht, aber schon zwei Jahre später mit Gewinn verkauft. Luigi arbeitete seitdem als Lagerverwalter bei einer Maschinenfabrik in Böblingen, wo man sehr mit ihm zufrieden sei, wie der Personalchef am Telefon erklärt hatte. 1999 habe Luigi geheiratet. Giovanni schlug sich offenbar als Gelegenheits-

arbeiter durch. Er war dreimal vorbestraft. Einmal wegen Einbruchdiebstahls und zweimal wegen sexueller Belästigung von Frauen. Tanja lächelte kurz. »In diesen Fällen war er sich freilich keiner Schuld bewusst. Er ist offenbar so ein Macho-Typ, der davon ausgeht, dass alle Frauen etwas von ihm wollen.«
»Etwas?«
»Na ja, Sie wissen schon.«
Bienzle nickte. »Einschlägige Straftaten?«
»Nein. An Kindern hat er sich nicht vergriffen. Wenigstens ist nichts bekannt. Sie wissen ja: die Dunkelziffer.«
Wieder nickte Bienzle. »Seine Schwägerin hat so komische Andeutungen gemacht, und sie hatte ihrem Töchterchen verboten, mit dem Onkel auf dem Lastwagen zu fahren. Ich hab ihn vorgeladen. Vielleicht können Sie und Zielke mit ihm reden.«
»Machen wir, Chef!«, sagte Tanja.
Zielke rief herüber: »We'll do it!«

Bienzle ging in sein Büro. Gächter saß am Computer. Er hatte über Google-Earth die Satellitenaufnahmen von Stuttgart hergeholt. Immer wieder fuhr er mit dem Cursor durch den Westen der Stadt und dann hinauf zur Geroksruhe. »Hier hat er die Kinder entführt, und hier oben hat er sie vergraben. Er wird vermutlich diesen Weg genommen haben.« Der Pfeil des Cursors eilte durch Stuttgarts Straßen. Jedes einzelne Haus war zu erkennen. Für Bienzle war das immer noch ein Mysterium.
»Schönen Gruß von Gunther Heinze!«
»Hä?«
»Also einen schönen Gruß hat er nicht bestellt, aber er ent-

schuldigt sich bei dir. Tatsächlich hat er sich in der vergangenen Woche nicht mit Anschütz beschäftigt.«
»Aber warum nicht?«
»Weißt du, wie der Schwabe sagt?«
»Ich weiß nur, dass er immer und zu allem was zu sagen hat!«
»Wenn mr an rueßige Hafe anlangt, wird mr selber schwarz.«
»Du meinst, er hat Angst, da färbt was auf ihn ab?«
»Jedenfalls hab ich das Gefühl, dass der über den Anschütz viel mehr weiß, als er uns sagt.«
»Du denkst jetzt also doch, dass der Anschütz der Mörder ist?«
Bienzle bekam einen gequälten Gesichtsausdruck. »Ich weiß nicht, was ich denken soll.« Er stöhnte auf: »Es ist wirklich zum Mäus melke, wir kommen und kommen nicht weiter.«
»Ich weiß nicht«, gab Gächter zurück, »immerhin haben wir drei Verdächtige: Anschütz, Madlung und Moreno.«
»Und was ist mit dem Vater Meinhold?«
»Was??« Gächter starrte seinen Kollegen ungläubig an. »Das ist nicht dein Ernst.«
»Hast du die Berichte von Tanja Hohmann alle gelesen?«, fragte Bienzle.
»Im Unterschied zu dir schlafe ich ja nachts.«
»Einer der Fälle, die sie ausgegraben hat, könnte auf den Meinhold passen.« Bienzle ließ sich in seinen Schreibtischstuhl sinken und glättete mit dem Daumennagel seine buschigen Augenbrauen. »Es war in einer niedersächsischen Stadt. Den Namen hab ich vergessen, kann man ja aber leicht nachschlagen. Das Kind hieß Petra, daran erinnere

ich mich. Die Eltern führten einen versteckten Kampf um die Liebe ihres Töchterchens. Jeder wollte es eigentlich nur für sich haben. Sie überhäuften Petra mit Geschenken und verwöhnten sie auch sonst nach Strich und Faden. Die Mutter sagte: ›Du darfst aber dem Papa nichts davon erzählen.‹ Und der Vater verhielt sich genauso.«
»Und wahrscheinlich hat die Kleine das Spiel raffiniert mitgespielt«, warf Gächter ein.
»Genau! Einmal hat der Vater mit dem Mädchen einen Ausflug gemacht. In so einen Erlebnispark. Petra konnte sich wünschen, was sie wollte – sie hat es gekriegt. Der Mann muss ein Schweinegeld ausgegeben haben. Sie fuhren an diesem Tag nicht nach Hause zurück, sondern übernachteten in einem Hotel. Am anderen Morgen war die kleine Petra tot. Erstickt. Die Kollegen konnten ermitteln, dass sich der Papa sexuell an dem Kind vergangen hatte und es dann – möglicherweise, weil es nicht aufhören wollte zu schreien – erstickt hat. Am anderen Morgen fand man ihn neben der Leiche der Kleinen. Er war völlig zusammengebrochen. Noch vor der Verhandlung hat er sich erhängt.«
»Mann, hör bloß auf!«
»Auch zu viel Liebe kann tödlich sein«, sagte Bienzle.
»Liebe nennst du das. Für mich ist das 'ne Krankheit«, sagte Gächter.
»Ja, du hast ja Recht. Trotzdem: Haben wir das Alibi von Herrn Meinhold überprüft?«
»Das war damals Grossmanns Fall! Schreitmüller müsste es wissen. Er war Grossmanns rechte Hand.«
»Man muss es in beiden Fällen überprüfen«, sagte Bienzle.
»Du meinst, *ich* muss es überprüfen.«
»Ich seh, wir verstehen uns.«

Giovanni Moreno erschien gegen 16 Uhr im Präsidium, legte an der Pforte Bienzles Vorladung vor und wurde von einem Beamten in den Raum der Sonderkommission gebracht. Zielke begrüßte ihn, klemmte einen Aktenordner unter den Arm und rief nach Tanja Hohmann. Zu dritt gingen sie in einen kleineren Besprechungsraum, der ein Stockwerk höher lag. Als sie die Treppe hinaufstiegen, sprach zunächst niemand. Moreno wischte sich mit einem Taschentuch den Schweiß von der Stirn.
Tanja sagte lächelnd: »Wenn Sie jetzt Ihre Eisdiele noch hätten, würden Sie ein gutes Geschäft machen.«
»Ich bin auch so zufrieden«, antwortete der Italiener.
Im oberen Korridor stand ein Getränkeautomat. »Kann ich Sie zu etwas einladen?«, fragte Zielke.
»'ne Cola. Danke!«
Zielke zog das Getränk aus dem Automaten und nahm für sich einen Eistee, nachdem er Tanja fragend angeschaut und sie den Kopf geschüttelt hatte.
»Wir reden am besten nicht lange drum herum«, begann Zielke, als sie sich an den runden Besprechungstisch setzten. »Sie können sich ja denken, dass wir jeder Spur nachgehen.« Er legte den Aktenordner auf den Tisch.
Moreno nickte und nahm einen Schluck aus seinem Pappbecher.
»Wir ermitteln in zwei Mordfällen. Es geht um die Kinder Elena Hagen und Christine Meinhold. Sie haben die beiden Mädchen gekannt?«
»Bei der Familie Meinhold habe ich geliefert. Hagen kenn ich nicht.«
»Sind Sie sicher?«
»Natürlich bin ich sicher.«

»Man hat Sie aber mehrfach vor dem Haus der Hagens gesehen.«

Tanja sah ihren Kollegen überrascht an. Das war typisch für ihn. Wenn er ein Ziel im Auge hatte, nahm er's mit der Wahrheit oft nicht so genau.

»Kann schon sein«, sagte der Verkaufsfahrer. »Vielleicht habe ich da jemanden im Haus beliefert, aber eine Familie Hagen steht nicht auf meiner Kundenliste.«

»Muss sie ja auch nicht, wenn es Ihnen nur um das kleine Mädchen ging.«

Morenos Augen verengten sich, er schob seinen Kopf weit vor und strich sich gleichzeitig eine schwarze Locke aus seiner Stirn. »Uno momento ... Unterstellen Sie mir, dass ich die Mädchen ...« Er unterbrach sich. »Nein«, sagte er dann fast tonlos, »nein, das ist nicht Ihr Ernst. Ich liebe Kinder!«

Zielke zeigte ein schiefes Grinsen, das seinem Vogelgesicht einen gefährlichen Ausdruck verlieh. »Darum geht's ja grade.«

Moreno erhob sich halb und ballte beide Fäuste. Tanja Hohmann hatte das Gefühl, eingreifen zu müssen. »Wir unterstellen Ihnen nichts, Herr Moreno. Wir stellen lediglich Fragen.«

»Gemeine, hinterhältige Fragen, ja! Schon als ich nach Deutschland kam, hat man mich vor den deutschen Bullen gewarnt.«

»Sie haben unsereinen ja dann auch gut kennen gelernt, oder?« Zielkes gemeines Grinsen hatte sich nur wenig verändert.

»Was soll das schon wieder.«

»Sie haben eine ziemlich umfangreiche Akte bei uns«, sagte Tanja.

»Was?« Moreno fuhr herum.
»Drei Verurteilungen. Zwei wegen sexueller Belästigung.«
»Ppphhh«, machte Moreno. »Deutsche Frauen, erst machen sie dich scharf, und wenn du dann mal hinfasst, spielen sie die keuschen Mädchen.«
»Wie haben die Frauen Sie denn angemacht?«, wollte Zielke wissen.
»Solche Absätze.« Giovanni Moreno zeigte die Maße mit Daumen und Zeigefinger. »So kurze Röcke.« Jetzt gab er die Größe mit zwei flachen Händen an. »Bauchnabelfrei und ein T-Shirt, das mehr sehen lässt, als es verbirgt. Mann, das sind doch Angebote!«
»Und dass die Frauen sich nur so anziehen, weil es ihnen gefällt – auf die Idee sind Sie noch nicht gekommen?«
»Quatsch, die wollen uns doch nur reizen, und wenn wir dann drauf eingehen ...« Er machte nur eine wegwerfende Handbewegung.

Zielke schlug den Aktenordner auf. »Beide Frauen, die Sie belästigt haben, waren noch keine siebzehn Jahre alt. Eigentlich noch Mädchen und gar nicht so viel älter als Elena Hagen und Christine Meinhold.«
»Ja, und?«
Zielke las vor: »Er packte mit der linken Hand meine linke Brust, fasste zugleich unter meinen Rock und versuchte mir das Höschen herunterzuziehen. Er presste mich gegen die Kante des Tisches und zwang mich nieder, so dass ich mit dem Rücken auf dem Tisch zu liegen kam. Wenn mein Kollege Rabenschlag nicht hereingekommen wäre ... und so weiter und so weiter. – Der Kollege Rabenschlag hat ja dann auch als Zeuge ausgesagt.«

»Ja, weil er selber keinen hochkriegt!«
»Sie widern mich an«, sagte Tanja.
Zielke sah seine Kollegin an und schüttelte leicht den Kopf, als ob er sagen wollte: ›Das war jetzt aber nicht professionell.‹
Tanja schnitt eine Grimasse, fehlte nur noch, dass sie Zielke die Zunge herausstreckte.
Giovanni Moreno grinste unverschämt. »Vielleicht liegen Sie auch schon zu lange trocken.«
Tanja drehte sich weg und blieb mit dem Rücken zum Raum am Fenster stehen.
Zielke stand auf, ging um den Tisch herum und stellte sich neben Moreno. »Wissen Sie, warum wir zu zweit sind? Wenn ich Ihnen jetzt gleich eine reinhaue, bestätigt die Kollegin nachher, dass Sie aus Versehen gegen den Türbalken gelaufen sind.«
»Klaus!«, rief Tanja entsetzt.
»Keine Bange. Ich werd mir doch an so einem nicht die Hände schmutzig machen.« Zielke ging zu seinem Stuhl zurück. »Lassen Sie uns wieder sachlich werden. Haben Sie für den vorletzten Freitag ein Alibi?«
»Ein Alibi? Für was?«
»Wo waren Sie zwischen 14 und 16 Uhr?«
»Ich hab Tiefkühlkost ausgeliefert.«
»Im Stuttgarter Westen?«
»Ja, Johannesstraße, Rosenbergstraße, Schwabstraße, im ganzen Viertel halt. Sie können ja fragen. Da kennt mich jeder.«
»Außer der Familie Hagen«, fuhr Tanja dazwischen.
»Fast jeder«, verbesserte sich Moreno. »Jedenfalls werden sich genügend Leute finden, die bestätigen können, dass ich dort war. Alleine, ohne ein kleines Mädchen. Ich bin

alle fünf Minuten in einem anderen Haus. Manchmal rede ich mit den Frauen. Da gibt's welche, die warten darauf, dass ich komme. Ich kann es gut mit den Leuten.«
»Und vor allem mit den Damen«, ließ sich Zielke hören.
Giovanni grinste breit: »Darauf können Sie einen lassen, Commissario! Ich bin keiner, der es sich wegen einer Frau mit der ganzen Kundschaft verdirbt!«
»Don Giovanni Moreno!« Zielke lachte.
»Don Giovanni endete in der Hölle«, sagte Tanja.
»Und ich mach für die Frauen den siebten Himmel!«
»Ich halt's nicht mehr aus!« Tanja verließ den Raum.
Zielke zeigte Moreno sein Haifischlächeln. »Ich kann nur hoffen, dass du unschuldig bist, du Casanovaverschnitt. Wenn nicht, kriegt dich meine Kollegin garantiert an den Eiern!«

12

Zielke hatte Moreno dann noch über eine Stunde vernommen. Später sagte er zu Bienzle: »Ich bin ja kein Psychologe, aber an kleinen Mädchen würde sich der nie vergreifen. Er will es allen Frauen zeigen. Frauen, wohlgemerkt, die seine Männlichkeit begeistert loben sollen. Aber kleinen Kindern Gewalt antun ... Nein, das passt nicht zu ihm. Unsere Kollegen haben übrigens herausgefunden, dass er am vorletzten Freitag zwischen 14 und 16 Uhr ständig von jemandem gesehen wurde. Vor allem die Frauen konnten sich sehr gut erinnern.«
Bienzle seufzte. »Wir mussten ihn überprüfen. Bei den wenigen Ansatzpunkten, die wir haben. Ist Kai Anschütz inzwischen aufgetaucht?«
»Nein. Niemand hat ihn gesehen. Auch seine Motorradkumpels nicht.«
Bienzle schaute auf die Uhr. »Und immer sind's noch sechs Stunden, bis dieser Freitag rum ist. Und noch immer regnet's nicht.«
»Wird schon noch kommen«, sagte Zielke, nur um etwas zu sagen.
»Ich bin in einer Stunde zum Essen verabredet, aber ich bin jederzeit erreichbar«, sagte Bienzle und erhob sich aus seinem Schreibtischsessel. »Wenn irgendetwas passiert, will ich auf jeden Fall sofort unterrichtet werden.«
»Okay, Boss. Roger!«

»Und bitte, schwätzet Se deutsch, Zielke.«
»Ay, ay, Sir!«

Als Bienzle und Hannelore vor dem Restaurant Wilhelmshöhe aus dem Auto stiegen, fegte ein böiger Wind die alte Weinsteige herauf. Er trieb trockenes Laub, Staub und Papierfetzen vor sich her. Der feine Straßendreck fuhr Bienzle in die Augen. Hannelore hatte vorsorglich eine Sonnenbrille aufgesetzt. Es war noch immer schwül, und der raue Wind brachte keine Erleichterung. Am westlichen Horizont türmten sich Wolkenberge in allen Schattierungen von Schwarz bis Hellgrau.
»Los, lass uns reingehen, bevor es anfängt.«
Sie betraten den Vorraum, der eigentlich den Namen Foyer verdient hätte. Vinzenz Klink, der Wirt, kam ihnen entgegen und drückte beiden die Hand. Man kannte sich.
Das Lokal war gut besetzt. Aber da Hannelore zuvor angerufen hatte, war ein Tisch ganz vorne an dem großen Panoramafenster reserviert. Von hier hatte man einen wunderbaren Blick auf die City, auf die Hänge im Westen und nach Norden hin weit über Bad Cannstatt und Fellbach hinaus bis ins Remstal und zu den Bergen des Schwäbischen Waldes.
»Ihr seid lang net dag'wesen«, sagte Klink. »Wart ihr verreist?«
Bienzle schüttelte den Kopf. »'s Gschäft halt.«
»Ja, mr liest's ja in der Zeitung«, sagte der Wirt. »Bei der Hitze würd ich einen Fisch empfehlen. Wir haben eine traumhafte Goldbrasse. Ganz frisch ...« Es folgte eine Beschreibung der Beilagen und das genaue Rezept, wonach Klink den Fisch zubereiten wollte.

Bienzle sah Hannelore fragend an. Der Wirt und Koch hatte sie offenbar überzeugt. Also sagte Bienzle: »Des wird richtig!«

Ein Blitz fuhr vom Himmel und teilte sich in ein Geäst von vielen Einzelblitzen auf, als ob er den Killesberg mit einem Mal erobern wollte. Ein schwerer Donnerschlag folgte. Der Wind frischte immer weiter auf und peitschte die Bäume und Rebstöcke unterhalb der Weinsteige.

»Was für ein Schauspiel«, sagte Hannelore.

»Und wir sitzen in der ersten Reihe!« Bienzle sah sie an. Ihre Haare waren kürzer und rahmten ihr schönes Gesicht mit den gleichmäßigen Zügen anmutig ein. In dem gedämpften Licht des wolkenverhangenen Himmels wirkten ihre blauen Augen viel dunkler als sonst. Sie hatte fast kein Make-up aufgetragen, nur zwei kaum erkennbare schwarze Striche unter ihren Augen und ein wenig Wimperntusche. Bienzle spürte einen kleinen Stich in der Herzgrube. Er hatte sich fest vorgenommen, nicht über ihre Beziehung zu reden. Es war, wie es war, und wie es werden würde, konnte sowieso niemand wissen. Mit ihrer Trennung war es wahrscheinlich wie mit ihrer Liebe: Immer fand der Verstand erst im Nachhinein mühsame Erklärungen für Empfindungen, die schon alles entschieden hatten, bevor sich das erste Argument einstellte.

Bienzle wählte mit Bedacht einen Wein. An solch heißen Tagen zog er einen spritzigen Weißen einem Roten vor. Hannelore trank sowieso lieber einen trockenen Weißwein oder einen Rosé. Er hatte grade beim Kellner einen Riesling bestellt, als sich erneut Blitze wie ein Spinnenetz über der Stadt verteilten. Mehrere Donnerschläge überlagerten sich. Erste schwere Tropfen schlugen gegen die Panoramaschei-

be, liefen an ihr hinab, manche vereinigten sich zu breiten Rinnsalen.
»Wenn das Unwetter vorbei ist, soll er die Fenster aufmachen«, sagte Bienzle und nickte zu Klink hinüber. »Endlich einmal richtig tief durchatmen, bis zu den Zehenspitzen. Das wär's!«
»Liegt es denn nur am Wetter, dass dir die Luft knapp wird?«
»Nein, es ist dieser vermaledeite Fall. Aber irgendwie muss ich für ein paar Stunden raus aus dem Laufrad, in dem ich jetzt seit dem vorletzten Sonntag renne. Zum Glück ist heut Nachmittag nichts passiert.«
»Habt ihr denn damit gerechnet?«
»Ich weiß nicht. Alles ist möglich. Jetzt lass uns essen, einen guten Wein trinken und für eine kleine Weile mal an was anderes denken.«
Eine halbe Stunde lang unterhielten sie sich wie gute Bekannte. Hannelore erzählte von ihrer Arbeit und von den Ausstellungen, die sie besucht hatte. Besonders begeistert war sie von einer Vernissage, die sie in der Tübinger Kunsthalle miterlebt hatte. Dort führte ein begnadeter Direktor Regie, der schon in der Vergangenheit Ausstellungen geschaffen hatte, die Menschen aus der ganzen Republik in die Universitätsstadt am Neckar lockten. Götz Adriani verstand etwa gleich viel von Kunst und von Promotion. Jetzt hatte er eine Exposition arrangiert, die ausschließlich erotische Kunst präsentierte. Und er hatte damit erreicht, dass auch Menschen in das Haus der Kunst kamen, die es sonst nie betreten hätten.
Bienzle kannte ihn und wusste auch, dass er mit der Familie Krupp aus Essen verwandt war, was nicht so recht in

Hannelores Bild von dem Kunstgenie passte. »Kunst und Kanonen«, sagte sie.
»Ah geh«, antwortete Bienzle, »das ist lang her.«
Der Kellner brachte als Gruß aus der Küche einen Happen Gänseleberpastete, der mit einem raffinierten Bouquet aus Kräutern und Orangen serviert wurde.
Draußen tobte das Gewitter, und obwohl es immer näher kam, schien es Bienzle, als bewegte es sich immer weiter weg. Er sah Hannelore an und sagte: »Du tust mir gut!«
Hannelore aß einen Happen und antwortete dann ernst: »Uns tut gut, dass wir ein wenig Abstand voneinander gefunden haben. Dr. Rebensmann sagt, wir hätten uns wahrscheinlich voneinander entfernt, um uns irgendwann näher sein zu können.«
»Also damit kann er mich nicht gemeint haben«, sagte Bienzle und schob den kleinen Teller zurück. Solchen Miniportionen konnte er nichts abgewinnen. Entweder man aß richtig oder gar nicht. »Und wer ist Dr. Rebensmann?«
»Mein Therapeut!«
»Was?«
»Ja, ich mache eine Therapie!«
»Oh, du liabs Herrgöttle von Biberach«, entfuhr es Bienzle.
»Würde dir auch gut tun!« Hannelore aß ihr »Amuse gueule« auf bis zum letzten Krümel.
»Mir? Jetzt sei nur so gut! – Mir fehlt doch nichts!«
Hannelore verdrehte die Augen. »Du denkst auch, jeder, der eine Therapie macht, muss verrückt sein.«
»Ja, stimmt das denn nicht? Ver-rückt. Aus der Mitte gerückt. Man ist nicht mehr im Lot!«

»Bist du denn im Lot?«, fragte Hannelore und schaute ihn mit ihrem bestrickendsten Lächeln an.
»Ja no, wenn du mich so fragst ...«
»Ich frag dich so!«
»Nein, im Augenblick nicht. Das gebe ich zu.«
Hannelore schob eine Visitenkarte über den Tisch. »Ruf ihn an und frag ihn. Nicht, ob er dich nimmt. Das würde ja nicht funktionieren. Aber er kann dir einen Kollegen empfehlen.«
Bienzle steckte das Kärtchen in die Brusttasche seiner Anzugjacke mit dem festen Vorsatz, es bei der nächsten Gelegenheit zu entsorgen.
Der Fisch kam. Sie begannen zu essen. Hannelore beobachtete Bienzle aus den Augenwinkeln. Er war nicht bei der Sache. Dem Mann, der sonst so genießen konnte, schien es völlig egal zu sein, was er auf dem Teller hatte. Plötzlich legte Bienzle Messer und Gabel auf den Tisch und hob den Kopf.
»Ist was?«, fragte Hannelore.
»Pssssst«, machte Bienzle.
Nun hörte auch Hannelore die kleine Walzermelodie. Sie schaute sich um. Am Tisch hinter ihr saß eine Familie: Vater, Mutter und zwei Töchter. Das kleinere der Mädchen hatte eine Spieluhr vor sich auf den Tisch gestellt. Eine etwa zehn Zentimeter hohe rosafarbene Spielzeugpuppe drehte sich auf dem Deckel der Uhr. Bienzle sprang auf.
»Was hast du denn?«, fragte Hannelore.
»Verzeih bitte! Tut mir leid!« Er eilte zu dem Nachbartisch.
Hannelore sah, wie er sich gestenreich entschuldigte und dann auf die vordere Kante eines Stuhls niederließ, den ihm der Familienvater hinschob.

Vinzenz Klink kam an Hannelores Tisch. »Immer im Dienscht, der Bienzle, gell?«
»Ich weiß nicht, was er hat.«
Da kam Bienzle auch schon wieder zurück. Er schüttelte den Kopf.
»Was war denn das jetzt?«, empfing ihn Hannelore.
»Beide Mädchen, die umgekommen sind, hatten genau so eine Spieluhr. Und wahrscheinlich haben sie sie von ihrem Mörder bekommen.«
Hannelore fröstelte. »Bitte, hör auf!«
»Aber das Mädchen dort drüben hat sie von ihrer Patentante aus Bochum.« Bienzle aß weiter. Doch es war ihm anzusehen, dass es ihn Mühe kostete, so zu tun, als genieße er den Fisch und die Beilagen.
»Wenn du wieder an die Arbeit willst …« Hannelore vollendete den Satz nicht.
»Nein, heut auf keinen Fall mehr.« Bienzle wischte die Lippen mit der Stoffserviette ab und nahm einen tiefen Schluck aus seinem Glas.

13

Die Beamten im Raum der Sonderkommission hatte eine seltsame Lethargie erfasst. Nur Schreitmüllers Bariton dröhnte: »Wenn man solche Kerle einen Kopf kürzer machen würde, ohne langen Prozess ...«
»Hör auf. Sei so gut!«, unterbrach ihn Tanja Hohmann.
»Warum fassen wir die denn noch immer mit Samthandschuhen an, hä? Jedes Jahr passieren mindestens dreißig oder vierzig solcher Fälle in Deutschland.«
Zielke riss ein Fenster auf. Das Gewitter war über die Stadt hinweggezogen. Das Wetterleuchten war im Osten noch zu sehen. Offenbar nahm das Unwetter jetzt seinen Weg durch dass Neckartal hinauf.
»Und dann kommt irgend so ein Psychologe und behauptet, der Täter sei nicht zurechnungsfähig. Den Ärzten erzählen die Täter mit dem treuherzigsten Blick die unglaublichsten Geschichten, und die glauben sie.«
»Hör auf«, wiederholte sich Tanja.
Aber da griff überraschend Zielke ein. »So Unrecht hat er nicht. Du glaubst ja gar nicht, wie überzeugend solche Straftäter über ihre eigene Resozialisierung reden können.«
»Sag ich doch«, tönte Schreitmüller. »Die haben alle Tricks drauf. Aber der Grossmann, zum Beispiel, der ist auf das Gelaber nicht reingefallen.«
»Dass du ihn entschuldigst, wissen wir ja«, warf ein Kollege ein.

»Ja und? Was ist denn das, wenn der einen Kinderschänder mal ein bisschen hart anfasst, gegen das, was der Kerl getan hat?«

»Bis zum Beweis des Gegenteils ist jeder Verdächtige erst mal als unschuldig zu betrachten.«

»Juristengeschwätz!« Schreitmüller war an das offene Fenster getreten und spuckte in den Hof hinab.

Tanja Hohmanns Telefon schrillte. Sie hob ab. Niemand achtete auf sie, bis sie plötzlich laut rief: »Wo wohnen Sie? Ja, ich weiß, wo das ist. Wie alt ist Ihre Tochter?«

Plötzlich herrschte eine Stimmung gespannter Aufmerksamkeit in dem Raum der Sonderkommission. Alle sahen zu Tanja hinüber, die jetzt mit beherrschter Stimme sagte: »Wann haben Sie das Kind denn zurückerwartet? – Und? – Haben Sie bei der Freundin angerufen?«

Tanja drückte auf die Mithörtaste, und nun konnten alle die panische Stimme einer Frau hören: »Ich war selber dort. Ulrike ist kurz vor acht weggegangen. Jetzt ist es gleich neun. Sie war ja mit dem Fahrrad bei ihrer Freundin. Eigentlich hätte sie zehn Minuten später daheim sein müssen. Mein Gott, wenn dem Kind etwas passiert ist ...« Bei den letzten Worten versagte die Stimme der Frau.

Tanja sagte: »Bitte, Frau Weber, bleiben Sie ganz ruhig. Wir schicken sofort jemanden bei Ihnen vorbei.«

Aus dem Telefon war nur noch hemmungsloses Schluchzen zu hören.

Zielke war neben Tanja getreten. »Haben wir die Anschrift?«

Seine Kollegin nickte und schob ihm einen Zettel hin. Da stand: Suse Weber, 34, Rosenbergstraße 44. Tanja redete weiter auf Frau Weber ein: »Wahrscheinlich gibt es ja eine ganz einfache Erklärung dafür, dass Ihre Tochter noch nicht nach Hause gekommen ist. Aber wir tun alles, um sie so schnell wie möglich zu finden. In fünf Minuten ist jemand bei Ihnen.« Sie legte auf.

Von der Tür erklang plötzlich Grossmanns Stimme. »So, jetzt haben wir den Dreck! Aber auf mich wollte ja keiner hören!«

»Keiner kannst du nicht sagen«, rief Schreitmüller durch den ganzen Raum.

»Jedenfalls keiner von denen, auf die es ankommt.«

Schreitmüller starrte Grossmann beleidigt an und wendete sich dann einem Schriftstück zu.

Zum ersten Mal ließ sich Gächter hören. »Würden Sie uns bitte in Ruhe arbeiten lassen, Herr Grossmann. Sie sind hier unerwünscht.«

Grossmann lachte bitter auf. »Das müssen Sie mir nicht zweimal sagen. Und jetzt bin ich noch viel unerwünschter, weil ich Recht bekommen habe. Ich kann nur hoffen, dass ihr den Anschütz findet.« Damit ging er hinaus und schlug die Tür laut hinter sich zu.

»Die Fahndung läuft schon«, sagte Schreitmüller, als ob er Grossmann Bericht erstatten müsste.

Zielke wendete sich an Gächter: »Rufst du den Bienzle an?«

Gächter nickte nur.

Bienzle nippte an einem Calvados. Hannelore löffelte eine Crème brûlée. Seit dem Vorfall mit der Spieluhr hatten sie nur noch wenig gesprochen. Die Stimmung war bedrückt. Da war es für Bienzle fast eine Erleichterung, als plötzlich sein Handy klingelte. Er meldete sich. »Ja, Bienzle hier!«

Hannelore sah in sein Gesicht. Es wurde plötzlich bleich. Schweißtropfen perlten auf seiner Stirn. Bienzles Blick fiel auf die Spieluhr des Mädchens am Nachbartisch. »Nein«, stöhnte er. Hannelore ließ ihren Löffel sinken und griff unwillkürlich über den Tisch nach seiner Hand. »Mein Gott, Gächter, hört das denn nie auf? Ja, natürlich komm ich!« Bienzle schaltete aus und schaute Hannelore an.
Sie sagte nur: »Beeil dich. Ich mach das hier.«

14

Als Bienzle den Raum der Sonderkommission betrat, hörte er Schreitmüller sagen: »Noch ein totes Kind und keine Festnahme!«
»Noch gibt's kein totes Kind«, fuhr der Chef der Mordkommission den Kollegen an, »nur ein vermisstes, oder?«
Die Mitarbeiter nickten.
»Aber ab jetzt tickt die Uhr«, fuhr Bienzle fort, der plötzlich sehr ruhig wirkte. »Wir wissen, dass wir vermutlich maximal achtzehn Stunden Zeit haben, das Kind lebend zu finden. Wir brauchen alle Kräfte, die wir kriegen können. Bereitschaftspolizei, SEK. Was ist mit dem Hubschrauber? Was ist mit dem Handy von dem Kind?«
Gächter meldete sich: »Könnte man orten, wenn es eingeschaltet wäre. Ist es aber nicht. Wir versuchen es natürlich pausenlos weiter.«
Bienzle hatte nun das Kommando fest in der Hand. »Wo wurde das Kind zuletzt gesehen?«
Tanja Hohmann antwortete: »Sie war bei ihrer Freundin. Dort ist sie kurz vor acht Uhr weg. Spätestens um halb neun Uhr sollte sie zu Hause sein. Mit dem Fahrrad sind es nur zehn Minuten. Eine Nachbarin hat sie noch gesehen. Demnach ist sie allerdings nicht auf dem direkten Weg nach Hause gefahren. Wir versuchen grade, ihren Weg zu rekonstruieren.«
Bienzle hatte seiner Mitarbeiterin geduldig zugehört. Er

schätzte die ruhige, präzise Art von Tanja Hohmann. »Hat jemand mit der Freundin gesprochen?«
»Ja, ich«, antwortete Tanja, »aber sie hat nichts beobachtet.«
»Bleiben Sie dran, Frau Hohmann!« Bienzle wandte sich nun Zielke zu: »Was ist mit dem Hubschrauber?«
»Den kriegen wir. Aber solang es Nacht ist …!«
»Die haben doch Infrarotkameras!«, sagte Gächter
»Dann schau mal aus dem Fenster. Bei den tief hängenden Wolken können die nicht starten.« Tatsächlich schob der Wind eine neue grauschwarze Wolkenwand, die wie ein Deckel über dem Talkessel lag, über die westlichen Hänge der Stadt. Dem abgezogenen Gewitter schien bereits ein nächstes zu folgen. »Aber die von der Flugbereitschaft sagen: Sie fliegen, sobald es geht!«, schloss Zielke.
Bienzle setzte sich jetzt erst auf seinen Platz. »Was habt ihr über die Spieluhr rausgekriegt?«
»Noch nichts«, sagte Zielke. »Morgen machen fünf Mann weiter.«
»Ihr müsst die noch verstärken«, ordnete Bienzle an.
Plötzlich übertönte Gächters Stimme die anderen: »Ja, hab ich verstanden«, rief er ins Telefon. »Danke, Kollegen.« Er legte auf. »Madlung hat mit drei anderen Personen seit 19 Uhr ein Klaviertrio eingeübt. Jetzt sind sie beim Wein.«
Bienzle nickte. »Der stand auf meiner Liste der Verdächtigen sowieso ganz unten.«
»Das ist doch klar, dass es der Anschütz war!«, rief Schreitmüller.
Bienzle warf ihm nur einen genervten Blick zu. »Was ist mit Christine Meinholds Vater?«
»Das Alibi wird überprüft«, antwortete Zielke.
»Das ist aber jetzt nicht euer Ernst«, tönte Schreitmüller.

»Es wär mir recht, wenn Sie amal a Weile Ihren Mund halte würdet, Herr Schreitmüller«, sagte Bienzle.
Die Tür sprang auf. Schober, der Chef der Spurensicherung, kam aufgeregt herein, in seinem Schlepptau zwei Schutzpolizisten. »Ich hab die Kollegen draußen getroffen. Kann ich das gleich für eine genaue Untersuchung haben?«
Bienzle sah auf. »Was denn?«
Schober hob eine Stofftasche hoch. »Die Tasche gehört Ulrike Weber. Da sind zwei Schulhefte drin und ein Federmäpple. Alles mit Namensschildern.«
Durch die Tür, die Schober und die beiden Beamten offen gelassen hatten, trat eine zierliche junge Frau.
»Wo kommt die Tasche her?«, fragte Bienzle.
»Hat ein Mann bei uns auf dem Revier abgegeben«, sagte einer der uniformierten Polizisten.
»Haben wir die Personalien von dem Mann?«
»Selbstverständlich!«
Niemand hatte bisher die junge Frau beachtet, bis sie jetzt plötzlich schrie: »Das ist ja die Tasche von meiner Ulrike!!«
Alle fuhren zu ihr herum. Gächter trat auf sie zu. »Wer sind Sie? Wie kommen Sie überhaupt hier herein?«
Bienzle war aufgestanden. Er schob Gächter zur Seite: »Sie sind die Mutter, nehme ich an.«
»Wo ist mein Kind? Wo haben Sie die Tasche her?«
Noch einmal meldete sich Gächter: »Bitte, Frau Weber, lassen Sie uns unsere Arbeit machen!«
Bienzle sah seinen Kollegen an und schüttelte unmerklich den Kopf. Dann fasste der Kommissar Frau Weber am Arm. »Kommen Sie!« Er führte Ulrikes Mutter zur Tür und rief: »Macht uns jemand einen Kaffee? – Oder möchten Sie lieber was anderes?«, fragte er die junge Frau.

Frau Weber schüttelte den Kopf. Bienzle führte sie aus dem Raum, nachdem er noch rasch zu Gächter gesagt hatte: »Eine vom psychologischen Dienst muss her.«

Auf dem gleichen Stockwerk gab es einen kleinen Aufenthaltsraum mit einer Teeküche. Tanja Hohmann war den beiden gefolgt und kochte nun Kaffee. Bienzle rückte einen Stuhl zurecht und bat Frau Weber, Platz zu nehmen. Sie war höchstens 1,60 Meter groß, hatte wild gekräuselte kastanienbraune Haare und eine Stupsnase, die ihrem Gesicht etwas Freches verlieh. Dazu trugen auch die Sommersprossen bei, die sich auf der Stirn und den Wangen ausbreiteten. Ihre Augen schimmerten in einer seltsamen grünbraunen Farbe.

Als sie sich setzte, stieß Frau Weber hervor: »Sie ist alles, was ich habe. Ich lebe alleine mit ihr.«

Bienzle setzte sich ihr gegenüber. »Ich verstehe ja, dass Sie sich Sorgen machen ...«

»Sorgen? Ich ... ich werd jeden Moment wahnsinnig! Ich halte das nicht aus!«

Tanja servierte den Kaffee. Bienzle spürte seine große Hilflosigkeit, und er war froh, als Tanja Hohmann freundlich fragte: »Wo ist denn Ihre Ulrike am liebsten?«

Frau Webers Kopf fuhr hoch. »Bitte? Was haben Sie gefragt?«

Bienzle stieß nach: »Hat sie irgendwelche Lieblingsplätze, wo sie besonders gerne spielt, wo sie sich mit ihren Freundinnen trifft oder so ...?«

»Im Höfle. Aber da hab ich doch alles abgesucht! Mein Gott, was geschieht denn jetzt? Sie können doch nicht hier sitzen und mit mir quatschen ...«

»Doch, Frau Weber, doch! Wir können. Unsere Arbeit

läuft auf Hochtouren. Mehr als fünfzig Leute sind jetzt mit nichts anderem beschäftigt ...«
»Aber dann müsste man sie doch finden!!«
»Wir finden sie auch«, mischte sich nun Tanja wieder ein. »Bestimmt. Aber Sie müssen uns helfen.«
Suse Weber sah zu der Polizistin auf, nickte ein paar Mal wie in Trance und sagte dann: »Ja, ja, natürlich.«
»Hat Ihre Ulrike ein bestimmtes Lieblingslied, irgendeine Melodie, die sie in letzter Zeit manchmal singt?«, fragte Bienzle.
»Was? Warum wollen Sie das denn wissen?«
»Sagen Sie es uns. Bitte!«
»Warten Sie. Nein, ich ... Ich weiß es nicht ... Grade hab ich gemeint, aber ich glaub doch nicht ... Ich ... ich ... mir zerspringt gleich die Schädeldecke ...«
Bienzle gab Tanja Hohmann ein Zeichen. Die junge Polizistin verließ den Raum. Der Kommissar beugte sich weit über den Tisch und nahm Frau Webers Hand zwischen seine Hände. »Versuchen Sie sich zu beruhigen. Ich weiß, das sagt sich leicht. Aber Sie müssen es versuchen ...«
»Ja, ja, ich probier's ja.«
»Hat Ulrike eine Spieluhr?«
»Eine Spieluhr??«
»Ja. Es gibt Spieluhren mit einer Tänzerin oben drauf, die sich zur Musik dreht ...«
»Nein, so etwas hat sie nie gehabt.«
»Auch nicht in den letzten Tagen?«
»Nein, bestimmt nicht. Warum fragen Sie mich denn das alles? Herr Bienzle, Herr Bienzle, ich werd verrückt!«
»Es kommt gleich jemand, der sich um Sie kümmert. Und dann sollten Sie nach Hause gehen.«

»Ich gehe nicht. Ich lass mich jetzt nicht wegschieben. Ich bleibe hier!« Suse Weber entzog Bienzle ihre Hand und trommelte mit beiden Fäusten auf den Tisch.
»Gut, gut, auch gut«, sagte Bienzle nach kurzem Zögern.
Plötzlich sprach Suse Weber ganz leise: »Ich …ich hab Angst, ich hab eine solche Angst …! Eine solche Scheißangst!«
Der Kommissar sprach sehr sanft: »Gut! Bleiben Sie bei uns. Ich lasse Ihnen hier ein Bett reinstellen, und wir schicken eine Beamtin zu Ihnen nach Hause, falls Ihre Ulrike dort auftaucht.«

Der Betrieb der Sonderkommission lief auf Hochtouren. Zielke telefonierte: »Habt ihr das Fahrrad gefunden? Das Kind war doch mit einem Fahrrad unterwegs.« Aber die Antwort, die er erhielt, schien ihn zu frustrieren. Gächter stand an der Wandkarte und fragte Schober: »Wo genau wurde die Tasche gefunden?« Einer der beiden Schutzpolizisten trat hinzu. »Hier.« Er deutete mit der Fingerkuppe auf den Fundort. Tanja, die inzwischen zurückgekommen war, meinte: »Es könnte der Ort sein, wo er das Kind entführt hat.«
»Du meinst, ins Auto gezerrt oder so?«, fragte Gächter.
Schober nickte: »Das Mädle hat immerhin die Tasche fallen lassen. Meine Leute sind dort, die untersuchen den Fundort.«
Jetzt kam auch Bienzle wieder herein. Er hörte, wie Gächter resümierte: »Der Täter hat bisher immer alles genau kalkuliert. Er hat seine Opfer Tage zuvor angelockt. Er hat ihr Vertrauen gewonnen …«
Tanja Hohmann meldete sich: »Diesmal vielleicht nicht. Womöglich steht er unter Druck.«

»Wie unter Druck?«, wollte Zielke wissen.
»Er muss es wieder tun! Gerade weil es jetzt so viel öffentliche Aufmerksamkeit gibt.«
»Steht das in den Büchern?«, fragte Gächter sarkastisch.
Aber Tanja hatte es gar nicht gehört. Sie blieb bei ihren Gedanken: »Er kann sich ja nicht dagegen wehren. Der Mann ist getrieben. Zum ersten Mal lässt er die Vorsicht außer acht.«
Bienzle schaltete sich ein: »Sie meinen, so leicht ist es diesmal vielleicht nicht gegangen. Dann haben wir aber noch weniger Zeit.«

Zielke und Tanja Hohmann fuhren in die Ludwigstraße. Frau Meinhold war allein zu Hause. Die schwangere Frau wirkte unruhig und nervös. Ihr Mann müsse jeden Augenblick kommen, sagte sie. Er sei eigentlich »überfällig«.
Frau Meinhold bot den beiden Polizeibeamten Platz in der Sitzecke an und fragte, ob sie etwas trinken wollten. Aber es gibt eine Art zu fragen, die ein Ja ausschließt. Also antworteten Tanja und Zielke mit »Nein, vielen Dank!«. Im Nebenzimmer lief der Fernseher. Die Hausfrau schloss die Tür, ohne den Apparat auszumachen.
»Kommt denn Ihr Mann öfter so spät nach Hause?«, fragte Tanja.
»In letzter Zeit schon.« Frau Meinholds Augen verengten sich. »Seitdem Ihre Kollegen mit ihm gesprochen haben, hat er sich stark verändert.« Es klang wie eine Anklage. »In letzter Zeit spricht er kaum mehr mit mir, geht weg, ohne zu sagen, wohin. Und wenn er zurückkommt, schließt er sich in sein Zimmer ein.«

»Bleibt er denn manchmal auch über Nacht weg?«, fragte Zielke.

»Warum wollen Sie das denn wissen?«

»Ach«, sagte Tanja möglichst beiläufig, »das sind Routinefragen. Wenn Sie nicht antworten wollen, lassen Sie es einfach.«

Frau Meinhold knetete ihr Taschentuch mit beiden Händen. »Ja, manchmal ist das schon vorgekommen. Aber daraus darf man keine falschen Schlüsse ziehen.«

Tanja und Zielke tauschten einen überraschten Blick. »Was denn für Schlüsse?«, fragte die Polizistin.

»Ich glaube nicht, dass er eine andere hat. Dafür ist er einfach nicht der Typ.« Tränen schossen in Frau Meinholds Augen. »Wenn er doch nur mit mir sprechen würde. Ich könnte ihm doch helfen. Man kann doch über alles reden!«

»Wär's Ihnen recht, wenn ich noch ein wenig bei Ihnen bleibe?«, fragte Tanja Hohmann. »Mein Kollege hat noch zu tun.«

Frau Meinhold nickte.

Zielke verabschiedete sich. Als er gegangen war, sagte Frau Meinhold plötzlich: »Ich glaube nicht, dass er noch kommt.«

»Ich warte noch ein halbes Stündchen, dann geben wir's auf. So wichtig ist es dann auch wieder nicht. Wissen Sie denn, wo Ihr Mann am Freitag vorletzter Woche war?«

»Bitte? – Was war denn da?« Sie dachte einen Augenblick nach. Plötzlich riss sie die Augen auf. »Da war doch … Das war doch der Tag, an dem Elena Hagen verschwunden ist!« Es schien, als begriffe sie mit einem Mal alles. »Heißt das …« Sie musste noch einmal ansetzen: »Heißt das, Sie

verdächtigen meinen Mann?« Frau Meinhold stand auf. Sie drückte dabei beide Hände flach ins Kreuz. Die schwangere Frau hatte Mühe, hochzukommen. Doch dann rannte sie im Zimmer auf und ab, riss die Tür zum Nebenzimmer auf, ging dort rasch bis zum Fenster und kam zurück.
Nebenan lief noch immer der Fernseher. Eine Nachrichtensprecherin sagte gerade: »Bisher fehlt jede Spur von dem Kind.« Auf dem Bildschirm erschien ein Foto von Ulrike Weber. Das kleine Mädchen lachte unbekümmert in die Kamera. Die Aufnahme war im Schwimmbad gemacht worden. Ulrike trug einen Badeanzug.
Frau Meinhold blieb abrupt stehen und starrte auf den Fernsehapparat. Auch Tanja war aufgestanden und trat hinter sie. Behutsam legte sie eine Hand auf Frau Meinholds Schulter. »Wir haben einen ganz anderen Mann im Verdacht«, sagte sie. »Ihr Mann sollte lediglich noch einmal als Zeuge gehört werden.« Ob Frau Meinhold merkte, dass dies eine Notlüge war? Sie schien immerhin erleichtert zu sein, als sie sich nun zu Tanja umdrehte und sich unvermittelt in die Arme der Polizistin warf.

Gleich nachdem Zielke das Haus der Meinholds verlassen hatte, rief er Bienzle an und berichtete. Der Chef der Sonderkommission schüttelte den Kopf. »Der Meinhold? – Ich kann des net glaube. Aber trotzdem: Man wird ihn suchen müsse. Gehen Sie doch noch mal rein und fragen Sie, wo man ihn finden könnte.«
Frau Meinhold rückte nur zögernd mit den möglichen Adressen heraus. Manchmal spiele er Skat im *Murrhardter Hof*, manchmal sei er auch bei seiner Schwester, mit der sie selbst, Frau Meinhold, seit Jahren zerstritten sei. Nicht

einmal zu Christines Geburtstag habe die sich gemeldet, wo sie doch deren Patin gewesen sei.

»Neulich habe ich eine Rechnung in seiner Jacke gefunden«, sagte Frau Meinhold. »Von einer Bar. – Warten Sie.« Sie ging zu einem Sekretär im Nebenzimmer. Das Fernsehen brachte jetzt eine Arztserie. Aus der Schublade des kleinen Schreibtisches nahm Frau Meinhold einen Zettel und reichte ihn Zielke. Der Beamte sah an ihr vorbei. Auf dem Sekretär stand ein Foto, das die Eltern Meinhold mit der strahlenden Christine zeigte. Zielke prägte sich das Bild des Vaters ein.

»*Skiff.* Ich kenne das Lokal«, sagte der Beamte. Aber er hütete sich hinzuzufügen, dass es sich um eine bekannte Schwulenbar handelte. Zielke reichte seinerseits Frau Meinhold sein Kärtchen. »Wenn er kommt, oder wenn er sich meldet – würden Sie mich bitte anrufen? Ich bin Tag und Nacht unter dieser Handy-Nummer zu erreichen.«

Zielke und Tanja Hohmann verabschiedeten sich von Frau Meinhold und fuhren schnurstracks in die Schwulenbar.

Es waren nicht viele Gäste da. Tanja wurde von einigen der Männer scheel angesehen, aber man ließ sie in Ruhe. Zielke dagegen schien viele wohlwollende Blicke auf sich zu ziehen. Erst jetzt wurde ihm bewusst, dass er eine enge Lederhose trug und wegen der Hitze unter der leichten Jeansjacke nur ein schwarzes Achselhemd. Sofort kam ein Gast auf ihn zu und sagte: »Na, du Starker ...« Zielke achtete nicht auf ihn. Er sah sich um. Ganz am Ende des Tresens saß der Mann, dessen Züge er sich eingeprägt hatte, als er das Bild auf Frau Meinholds Sekretär betrachtet hatte.

»Der dort ist es«, sagte er leise zu Tanja und ging zielstrebig zum Ende des langen Tresens, wo Herr Meinhold alleine

saß. Der lange Zielke zog einen Barhocker heran und setzte sich dicht neben Christines Vater. »Ich suche keine Gesellschaft«, sagte der.
»Warum sind Sie dann hier?«
»Das ist ja wohl meine Sache. Hauen Sie ab, Mann.«
»Für einen leitenden Beamten der Stadtverwaltung haben Sie aber einen ziemlich rüden Ton«, gab Zielke zurück.
Meinhold hob überrascht den Kopf. Seine Lider flatterten. »Kennen wir uns?«
Zielke ging nicht darauf ein. Er sah, dass neben Meinholds Glas ein zweites stand, das halb mit einer milchigen Flüssigkeit gefüllt war. »Wer trinkt denn hier Absinth?«, fragte er.
»Hauen Sie endlich ab!«
Zielke schob seinen Dienstausweis auf den Tresen, was den Barkeeper, der just in diesem Moment zu ihnen getreten war, erkennbar unruhig machte. Jetzt war auch Tanja Hohmann an die Bar gekommen. »Ihre Frau wartet auf Sie, Herr Meinhold«, sagte sie.
Meinhold fuhr herum. Im gleichen Augenblick öffnete sich in ihrem Rücken die Tür zu den Toiletten. Ein Mann Mitte zwanzig trat neben Meinhold an den Tresen. Er war klein und schmal. Seine schwarzen Haare waren mit Gel am Kopf festgeklebt. Er legte die rechte Hand auf Meinholds linke Schulter. »Probleme?« Sein Blick war auf den Polizeiausweis gefallen, den Zielke grade wieder einsteckte.
»Weiß Ihre Frau, dass Sie jetzt schwul sind?«, fragte Zielke grob.
»Ich bin nicht schwul!«, gab Meinhold wütend zurück.
»Sie?«, fragte Zielke den anderen Gast.
Der Mann lächelte: »Und wenn, dann wäre das meine Sache, Herr Kommissar. Aber manche Männer gehen auch

nur hierher, weil die Bar günstig liegt und die besten Drinks in der Stadt anbietet. Und um Freunde zu treffen.« Er sah dabei Meinhold an.

»Ich wollte sowieso grade gehen«, sagte Meinhold zu Tanja.

Zielke fixierte den Schwarzhaarigen. »Kennen Sie Herrn Meinhold schon lange?«

»Zwei Jahre vielleicht.«

»Dann kannten Sie auch seine kleine Tochter?«

»Christine? – Ja, ich hab die beiden manchmal am Spielplatz getroffen. Ein goldiges Kind war das!«

»Lass das doch, Kevin«, sagte Herr Meinhold dumpf.

Der junge Mann nahm seine Hand von Meinholds Schulter. »Frau Meinhold habe ich allerdings nie kennengelernt.«

»Dann hätte ich mal gerne Ihren Personalausweis«, sagte Zielke.

Der Schwarzhaarige lächelte noch immer. Er legte seinen Ausweis auf den Tresen. »Als Christine entführt und umgebracht wurde, war ich nachweislich auf Ibiza. Dies nur, falls Sie mich verdächtigen.«

Zielke nahm den Personalausweis in die Hand. »Kevin Markert …«, las er laut, dann schrieb er die Daten ab. »Wenn Sie uns dann gleich noch die Zeugen benennen, die Ihre Aussage bestätigen können.«

»Sie nehmen das ernst?« Markert lachte.

»Und ob«, ließ sich Tanja Hohmann hören.

Das Lächeln verschwand aus Markerts Gesicht. Er zog ein Abrechnungsblöckchen zu sich heran und begann Namen, Adressen und Telefonnummern zu notieren.

»Ich geh dann mal«, sagte Meinhold, legte Geld auf den Tresen und verließ die Bar.

Die Nacht verging, und nichts hatte sich bewegt. Keine Spur von Ulrike Weber. Kai Anschütz war nicht auffindbar. Meinhold war kurz nach Mitternacht zu Hause erschienen. Ein Beamter, der das Haus observierte, berichtete, dass danach noch lange das Licht gebrannt habe.
Bienzle hatte sich auf die Liege in seinem Büro gelegt. Aber er konnte nicht einschlafen. Kurz vor Mitternacht hatte Hannelore angerufen, um zu erfahren, wie es ihm ergangen sei und ob man das Mädchen gefunden habe. Ihr Ton war sachlich. Bienzle schaffte es nicht, sich bei ihr dafür zu bedanken, dass sie im Restaurant so verständnisvoll reagiert hatte. Und er ärgerte sich sofort darüber, als er den Hörer aufgelegt hatte. Er zog die Visitenkarte des Psychotherapeuten aus der Brusttasche und studierte sie nachdenklich. Schließlich steckte er sie an denselben Platz zurück.

15

Bienzle hielt sich am frühen Morgen nur kurz in den Wasch- und Duschräumen auf. Was er da veranstaltete, hatte seine Mutter Katzenwäsche genannt.
Als er in den Raum der Sonderkommission trat, herrschte reger Betrieb, aber der Pegel war hörbar gedämpft. Alle sprachen leiser als sonst. Gächter, der die Nacht auf drei hintereinander gestellten Stühlen verbracht und maximal zwei Stunden geschlafen hatte, sah grau aus im Gesicht.
»Keine neuen Nachrichten«, sagte er.
»Und Frau Weber?«, fragte Bienzle.
»Schläft im Besucherzimmer. Der Arzt hat ihr ein starkes Beruhigungsmittel gegeben.«
Zielke rief herüber: »Das Alibi von dem Schwulen ist überprüft. Stimmt leider.«
»Hä?«, machte Bienzle. »Von wem reden Sie?«
»Ein Freund von Herrn Meinhold«, erklärte Tanja. »Eine Fehlspur.« Sie stellte Bienzle einen Kaffee und zwei Brezeln hin.
»Danke«, sagte der Kommissar. »Aber ich glaub, ich kann nichts essen.« Plötzlich schlug er mit der Faust so heftig auf den Tisch, dass die Kaffeetasse klirrend hochsprang. »Wir müssen das Kind finden!«

Um die gleiche Zeit ging Kocher die Treppe zum Labor der Spurensicherung hinunter, das im Souterrain eines Seiten-

gebäudes des Präsidiums untergebracht war. Das war eigentlich nicht seine Zeit. Er kam selten vor neun Uhr, und jetzt war es kurz nach halb sieben. Aber er wollte, genau so wie alle anderen, zur Stelle sein, wenn sich im Entführungsfall Ulrike Weber etwas tat.
»Morgen, Herr Dr. Kocher.«
Kocher grüßte automatisch zurück, sah dann aber doch auf und sagte überrascht: »Herr Grossmann. Sind Sie also auch wieder an Bord. Glückwunsch!«
»Die Dinge ändern sich, nicht wahr?!« Mit diesen Worten ging Grossmann rasch die Treppe hinauf.

Um sieben Uhr konnten endlich die Hubschrauber starten. Sie flogen sofort das Gebiet im Osten der Stadt an, wo die beiden Kinderleichen gefunden worden waren. Beamte befragten in Zweiertrupps Passanten, Ladenbesitzer und Bewohner im Umkreis von zwei Kilometern um Frau Webers Wohnung in der Rosenbergstraße. Zielke leitete diesen Einsatz. Auch er konnte vor Müdigkeit kaum aus den Augen sehen. Aber er war sofort voll konzentriert, als sich eine Stimme meldete: »Polizeiobermeister Holzschuh, ich habe einen Taxifahrer, der etwas gesehen haben will.«
»Wo?«
Ein schriller Pfiff ertönte, Zielke drehte sich um. Etwa vierzig Meter die Straße hinunter stand ein Schutzpolizist neben einem Taxi. Mit langen Schritten rannte Zielke auf das Taxi zu. »Sie haben etwas beobachtet?«, fragte er den Fahrer.
Der Mann kratzte sich am Hinterkopf, wobei sich seine flache Schirmmütze nach vorne schob. »Gestern so gegen

siebene am Abend. Ich war auf der Gegenfahrbahn. Der Kadett hat falsch 'parkt, a wa, falsch: kriminell! Im Rückspiegel hab ich dann gesehen, wie der Mann ausgestiege ischt. Er hat a kleines Mädle angesprochen.«
»Wie alt?«, unterbrach ihn Zielke.
»Zehn vielleicht, vielleicht auch älter. Heut woiß mr des ja nemme so genau!«
»Und dann?«
»Er ischt um sein Karre rom, hat se packt und auf da Beifahrersitz bugsiert. Ich hab denkt, des ischt a Vadder, der sauer ischt auf sei Döchterle. Und das Fahrrad von dem Mädle hat er in seiner Wut in de nächste Busch geschmisse.«
»Ich hab die Stelle durchgegeben«, warf der Schutzpolizist ein. »Die Kollegen und die Spurensicherung müssten schon da sein.«
»Zeigen Sie mir bitte die Stelle? Warten Sie, ich steig bei Ihnen ein«, sagte Zielke zu dem Taxifahrer.
»Okay«, der Chauffeur öffnete die Beifahrertür, »dann lauft aber au mei Uhr!« Ein Polizeihubschrauber flog dicht über ihre Köpfe hinweg und zog dann hoch. Offenbar hatte der Pilot von der Leitzentrale bereits die richtigen Angaben bekommen.
Als das Taxi mit Zielke auf dem Beifahrersitz nur einen Kilometer weiter anhielt, war die Stelle bereits polizeilich abgesperrt. Ein halbes Dutzend Beamte der Spurensicherung in ihren weißen Overalls und mit Plastikhandschuhen an den Händen hatten sich im Umkreis von zehn Metern verteilt und suchten jeden Quadratzentimeter Boden ab. Zielke sah, wie ein Beamter ein Mädchenfahrrad aus einem Gebüsch zerrte und zur Straße trug.

Gächter, der in ständiger Verbindung zu Zielke stand, trat zu Bienzle. »Wir haben einen Zeugen, der den Entführer und das Kind gesehen hat.«
Bienzle war plötzlich hellwach. »Wo?«
»Genau dort, wo die Tasche gelegen hat.«
»Und?«
Gächter hob die Schultern. »Vage Personenbeschreibung des Mannes.«
Im gleichen Augenblick betrat Dr. Kocher den Raum der Sonderkommission. »Schlechte Nachrichten«, rief er schon von der Tür her.
Bienzle stöhnte auf. »Was denn um Himmels willen noch für eine?«
Kocher sagte: »An der Tasche Ulrike Webers befinden sich eindeutig Haare von Kai Anschütz.«
»Was??«
»Na ja, so verwunderlich ist das dann auch wieder nicht. Der Mann ist immerhin schon seit ein paar Tagen flüchtig«, sagte Gächter.
»Der ischt nicht erreichbar gwese, des ischt was anderes«, fuhr Bienzle Gächter an und wendete sich dann wieder dem Gerichtsmediziner zu. »Wie können Sie das überhaupt wissen, dass es sich um dem Anschütz seine Haare handelt?«
»Ich hab die Daten noch gehabt. Wir haben ja bei der Untersuchung im Fall Meinhold im letzten Jahr eine DNS-Analyse von Anschütz gemacht.«
Mit einem Mal war es ganz still im Raum der Sonderkommission. Es war, als breite sich die Nachricht wie eine Giftwolke aus. Alle schauten zu Bienzle her. Doch der saß nur da und starrte wie paralysiert vor sich hin.

Gächter sprang ein. »Also, Leute: Es geht sofort ein verschärfter Fahndungsaufruf raus. Höchste Alarmstufe. Mit Foto und allem, was dazugehört.«
Es war, als ob man die Uhr angehalten hätte und als ob sie nun plötzlich wieder zu ticken beginne. Schlagartig waren alle beschäftigt. Nur Bienzle saß auf seinem Stuhl und konnte sich nicht rühren. »Ein Albtraum«, sagte er leise. »Es ist ein Albtraum!«
Gächter trat zu ihm. »Du warst dir sicher, dass es der Anschütz nicht war?«
Bienzle warf die Arme hoch. »Sicher, was heißt sicher. Das ist ja das Schlimme, Gächter, dass ich mich auf mein Urteil nimmer verlassen kann.«
Niemand hatte auf Suse Weber geachtet, die schon vor ein paar Minuten hereingekommen war. Jetzt drängte sie zu Bienzle. Zwei Beamte wollten sie aufhalten. »Nicht jetzt«, sagte einer.
Bienzle wurde aufmerksam. »Lasset Sie die Frau!«
»Habe ich das richtig gehört?«, schrie Suse Weber. »Sie kennen den Mann?«
»Es besteht da ein gewisser Verdacht …«, sagte Bienzle müde und erhob sich von seinem Stuhl.
»Und der läuft frei herum??«
Die kleine Person stand jetzt dicht vor dem bulligen Kommissar. Sie konnte nicht mehr an sich halten. Wütend schlug sie mit ihren Fäusten auf Bienzle ein. Der stand ganz ruhig da und ließ alles über sich ergehen, als ob es eine erwartete Strafe sei. »Sie sind schuld«, schrie Ulrikes Mutter, »Sie sind schuld, wenn mein Kind stirbt. Sie sind auch ein Mörder.«
Bienzle setzte sich auch jetzt noch nicht zur Wehr. Gächter

und Tanja Hohmann fielen der Frau in den Arm und hielten sie fest. Gächter sagte: »Bitte, kommen Sie.«
»Ich weiche hier nicht von der Stelle!«
»Doch, Frau Weber«, sagte Tanja sehr ruhig, »Sie kommen mit mir. Wenn Ihr Kind eine Chance haben soll, müssen Sie jetzt vernünftig sein.«
Plötzlich gaben die Knie der zierlichen Frau nach. Sie sackte zu Boden und rutschte Gächter und Tanja aus den Händen. Bienzle sah auf die Frau hinab und dachte: ›Wenn je der Begriff ein Häufchen Elend zugetroffen hat, dann hier.‹ Er ruckte in den Schultern und sagte plötzlich sehr fest und laut: »Wir werden den Kerl kriegen, und wir werden Ihr Kind retten. So wahr ich hier steh!«

16

Polizeiobermeister Hannes Merle und die Polizeianwärterin Gesine Kraus von der Bahnpolizei Stuttgart hatten sich beim Kiosk zwischen den Bahnsteigen 9 und 10 eingefunden, wo es nach übereinstimmender Meinung aller Beamter ihrer Dienststelle die besten Lkws gab – die besten Leberkäswecken. Die Verkäuferin schnitt zwei extra dicke Scheiben von dem dampfenden Stück Fleisch ab und schob sie in zwei aufgeschnittene Brötchen. »Senf?«, fragte sie.
»Wie immer«, sagte Hannes Merle. Im gleichen Augenblick stieß ihn seine junge Kollegin heftig mit dem Ellbogen in die Rippen. »Das ist er doch!«, zischte sie.
»Wer?«
»Na der da!« Sie zog das Fahndungsfoto aus ihrer Jackentasche.
Merle warf einen Blick darauf. »Tatsächlich. Son Mist. Jetzt isses Essig mit der Frühstückspause.« Er sah ratlos auf die beiden Leberkäswecken.
Die Frau hinter dem Tresen sagte: »Aber zahlen müssen Sie die! Bestellt ist bestellt.«
Merle legte Geld auf den Zahlteller. »Vielleicht gar nicht so schlecht«, sagte er. »Gute Tarnung!« Er biss kräftig von dem Leberkäsbrötchen ab und marschierte mit seiner Kollegin durch die Bahnhofshalle.
Kai Anschütz war aus einem Zug auf Gleis 9 ausgestiegen

und ging auf die Bahnhofshalle zu. Über der rechten Schulter hing ein prall gefüllter Rucksack.
»Zielperson Anschütz erkannt«, sprach Merle kauend in sein Funksprechgerät. »Bewegt sich von Gleis 9 Richtung Nordausgang.«
»Kannscht net deutlicher rede?«, antwortete ein Kollege aus der Zentrale.
Hannes Merle und Gesine Kraus gingen etwa zehn Meter hinter Kai Anschütz. Im hellen Lichtfeld des Nordausgangs erschienen nun zwei Schutzpolizisten. Kai Anschütz machte einen Schwenk nach links, wo eine breite Treppe zum Arnulf-Klett-Platz hinunterführte.
»Er will die Nordtreppe Richtung Hotel Zeppelin runter«, gab Merle durch. Der Bahnpolizist hatte soeben seinen letzten Bissen verdrückt, und seine Stimme über Funk klang wieder klar.
»Dann läuft er uns in die Arme«, antwortete eine weibliche Stimme.
Kai Anschütz hatte die ersten drei Steinstufen genommen, als er die Beamten sah, die von unten auf ihn zukamen. Er drehte sich um. Über ihm standen die Bahnpolizisten Merle und Kraus, und hinter denen erschienen nun zwei Schutzpolizisten. Anschütz war klar, dass sie es auf ihn abgesehen hatten. Er blieb stehen, zog den zweiten Rucksackriemen über die linke Schulter und hob beide Hände.

Als Bienzle den Verhörraum betrat, saß Kai Anschütz schon am Tisch. »Ich protestiere. Man hat mir meinen Rucksack weggenommen.«
Bienzle ging nicht darauf ein. Sein Gesichtsausdruck war hart. An seiner rechten Schläfe sah man das Blut in einer

hervortretenden Ader pochen. Noch auf dem Weg von der Tür zum Tisch fuhr er den jungen Mann an: »Wo haben Sie das Mädchen versteckt?«
»Was für ein Mädchen?«
»Ulrike Weber. Gestern Abend haben Sie das Kind entführt.«
»Wo soll das gewesen sein und wann genau?« Noch gab sich Anschütz souverän.
Bienzle setzte sich. »Lassen Sie doch die Spielchen, Anschütz. Wir haben eindeutige Beweise, dass Sie es waren.«
»Das ist nicht wahr! Das kann nicht sein! Das ist absolut unmöglich!« Kai Anschütz schluckte. »Was denn für Beweise?«
Bienzle zwang sich weiter zur Ruhe. »Wir haben Haare von Ihnen an der Tasche von Ulrike Weber gefunden.«
»Ich kenne keine Ulrike Weber.«
Bienzle stand so abrupt auf, dass sein Stuhl nach hinten kippte. »Herr Anschütz! Der DNS-Vergleich ist ein absolut sicherer Beweis. Da droben sitzt die Mutter von dem Mädle! Haben Sie eine Ahnung, was die jetzt durchmacht?«
»Ich hab damit nichts zu tun!«
»Leugnen ist absolut sinnlos, Herr Anschütz! – Wo ist das Kind??« Bienzle hob den Stuhl auf und stellte ihn so heftig auf seinen Platz zurück, dass Anschütz zusammenzuckte.
Hinter der einseitig verspiegelten Glasscheibe standen Gächter und Zielke. »Langsam kommt er auf Touren«, sagte Zielke. »Meinst du, er knackt ihn?«
»Es gibt keinen besseren Verhörbeamten als den Bienzle«, antwortete Gächter.
Kai Anschütz schrie plötzlich laut: »Es ist unmöglich, Herr Bienzle, das ist unmöglich!«

»Schluss jetzt mit der Lügerei.« Bienzle war genau so laut wie der junge Mann. »Sie habet mich lang g'nug an der Nas rumg'führt.« Mit ein paar Schritten war er um den Tisch herum. Er packte Anschütz an den Revers seiner Jacke, zog ihn hoch und schüttelte ihn. Ihre Gesichter waren ganz dicht voreinander. Beide schwitzten heftig. »Reden Sie jetzt endlich, Mann! Wo ist das Kind?«
Anschütz wehrte sich nicht. Er stand mit hängenden Armen da. »Sie können mich totschlagen. Ich weiß es nicht!«
Bei dem Wort »totschlagen« ließ Bienzle Anschütz abrupt los. Plötzlich wurde ihm bewusst, dass er nicht weit davon entfernt war, genau so zu handeln wie Grossmann im letzten Jahr, als der Kai Anschütz verhörte.
Der junge Mann plumpste auf seinen Stuhl zurück. Tonlos sagte er: »Herr Bienzle, wenn Sie mir das anhängen, bring ich mich um.« Er sah auf. In seinen Augen schimmerten Tränen. Bienzle schaute ihn unverwandt an. Ihre Blicke verhakten sich ineinander. Aber Anschütz hielt stand. Er senkte seine Augen nicht. Schließlich sagte er leise: »Ich weiß nicht, was passiert ist. Aber ich war es nicht, Herr Bienzle.«
Bienzle stellte die Tanzpuppe auf den Tisch. Wie beim Verhör des Musiklehrers Ronald Madlung sagte er: »Ziehen Sie die Spieluhr auf!«
»Bitte?«
»Tun Sie, was ich Ihnen sage!«
Kai Anschütz zog die Uhr auf. Bienzle ließ ihn nicht aus den Augen. Der Kommissar fasste hinüber und löste den Schalter. Die Melodie erklang.
Hinter der Scheibe sagte Gächter. »Der Kerl hat sich total im Griff. Dem hätten doch wenigstens die Hände zittern müssen.«

»Der ist extremly cool«, konstatierte auch Zielke.
Jetzt hörten sie wieder Bienzles Stimme: »Mit diesem Spielzeug haben Sie die Mädchen kirre gemacht. Ich weiß nicht, wie Sie die Kinder sonst noch rumgekriegt haben. So eine Tanzpuppe und eine Tüte Popcorn allein kann es ja wohl nicht gewesen sein.«
»Ich sag nix mehr«, sagte Anschütz dumpf.
Bienzle lehnte sich weit gegen die Stuhllehne zurück. Er streckte seine Beine aus und trat aus Versehen gegen Anschütz' Füße. »Entschuldigung.«
Anschütz hob die Achseln, als ob er sagen wollte: ›Macht doch nichts!‹
»Irgendwann werden Sie reden müssen. Und zwar so, dass ich Ihnen glauben kann!«
Kai Anschütz lachte nur bitter auf.
»Lachet Se net, Herr Anschütz. Sie wissen vielleicht nicht, was Ihnen blüht. Im Knast sind Sie völlig unten durch, wenn die andern mitkriegen, dass Sie ein Kinderschänder sind.«
Anschütz schrie verzweifelt auf: »Ich bin kein Kinderschänder!«
»Ich sag Ihnen doch: Wir können es beweisen! Aber einfacher wär's, Sie legen ein Geständnis ab. Ich würde dann dafür sorgen, dass Ihnen im Gefängnis nichts passiert. Aber sagen Sie uns um Gottes willen – sagen Sie uns, wo das Kind jetzt ist!!!«
»Aber ich weiß es doch nicht. Ich war's doch nicht. Ich weiß nichts. Nichts! Nichts! Nichts!« Anschütz legte seinen Kopf auf den Tisch und wimmerte nur noch ein ums andere Mal: »Ich war's doch wirklich nicht!«
Bienzle löste wieder den Mechanismus der Spieluhr. Die Melodie begann. Der Kommissar ließ den jungen Ver-

dächtigen nicht aus den Augen. Anschütz hob den Kopf. Es schien Bienzle, als könne er bei ihm eine Reaktion erkennen. Aber sicher war er sich nicht.
Anschütz sagte: »Irgendwo hab ich die Musik schon mal gehört.«
»Wo?«
»Weiß nicht. Ich kann mich nicht erinnern. Aber es war nicht sone Spieluhr.«
»Sondern?«
Anschütz zuckte die Achseln.
»Auf einem Klavier vielleicht?«
»Nein, nein. Es war was anderes ... warten Sie ...« Er trommelte mit beiden Fäusten gegen seine Schläfen.
»Der verarscht uns doch«, sagte Zielke hinter der Scheibe.
»Ich komm nicht drauf.«
»Sie kennen die Melodie von genau so einer Spieluhr!«
»Nein. Ganz bestimmt nicht. Son Ding habe ich in meinem ganzen Leben noch nie gesehen.«
»Sie lügen«, sagte Bienzle kalt. »Wo haben Sie Ulrike Weber versteckt?«
Anschütz hob den Kopf. Jetzt rannen Tränen über seine Wangen. »Ich hab niemand versteckt!«
»Sie werden es mir sagen. Da bin ich sicher!« Bienzle stand auf und verließ den Raum. Anschütz legte seinen Kopf auf beide Arme und weinte hemmungslos.

»Harter Brocken«, sagte Gächter, als Bienzle den Raum hinter dem Spiegel betrat.
Bienzle schüttelte verzweifelt den Kopf. »Hat mich jetzt meine Menschenkenntnis vollends verlassen, und ist er tatsächlich der Täter?«

»Das muss er sein«, ließ sich Zielke hören, »bei den Beweisen!«

Bienzle ließ Kai Anschütz in seine Zelle zurückbringen. Gemeinsam mit Gächter und Zielke ging er zum Raum der Sonderkommission. Plötzlich stand Hartmut Grossmann vor ihnen. »Ich höre, Sie haben ihn.«
»Von wem?«
»Wie bitte?«
»Von wem haben Sie das gehört?«
»Das ist doch jetzt nicht wichtig. Wichtig ist, dass es jetzt endlich klar ist.«
»Ja, so sieht's aus, aber was hilft mir das? Wir müssen das Kind finden.« Bienzle ließ Grossmann einfach stehen. Gächter und Zielke waren schon vorausgegangen. Bienzle schloss rasch zu ihnen auf. »Jetzt triumphiert der Grossmann, was?«, sagte Gächter.
»Lass ihn doch. Er hat ja schließlich Recht.« Dann wandte sich Bienzle an Zielke: »Sie nehmen Anschütz in einer halben Stunde wieder ins Verhör. Zusammen mit Tanja. Sie wissen schon …«
Zielkes Raubvogelgesicht überzog ein Grinsen. »Good guy, bad guy!«
»Oder so, ja«, sagte Bienzle. Er fasste Gächter am Arm. »Und wir zwei schauen uns mal die Wohnung von dem Anschütz an.«
»Wir selber? So eine Hausdurchsuchung kann doch jeder machen.«
»Schon, aber ich will wissen, was mir die Wohnung erzählt!«

Ein Mann um die siebzig fegte den Hof. Er trug nur eine abgewetzte Jeanshose, die er bis zu den Waden hochgekrempelt hatte. Seine bloßen Füße steckten in Holzsandalen. Sein nackter, muskulöser Oberkörper war schweißüberströmt. Im Radio war gemeldet worden, dass an diesem Julitag die Temperaturen auf eine neue Rekordhöhe von 34 Grad steigen sollten.
»Wir suchen den Herrn Anschütz«, sagte Gächter.
»Der ischt scho seit drei Tag nimmer da g'wese. Aber des ischt bei dem nix Bsonders. Der kommt und geht, wie's ihm grad passt.«
»Seit drei Tagen?«, fragte Gächter.
»Sag ich doch!«
Gächter sah Bienzle an: »Und wie lange sucht sein Bewährungshelfer schon nach ihm?«
»Der Herr Heinze hat sich ja entschuldigt«, antwortete Bienzle und wandte sich dem alten Mann zu. »Wie heißen Sie?«
»Eisele, warum?«
»Und sind Sie der Vermieter von Herrn Anschütz?«
Der alte Mann ging zu einem Wasserhahn, an den ein Schlauch angeschlossen war, und drehte auf. Ein Wasserstrahl schoss aus der Spitze des Schlauchs und verfehlte Bienzles Hosenbeine nur knapp. Eisele nahm den Schlauch auf und begann den staubigen Hof abzuspritzen.
»Wir haben den Herrn Anschütz festgenommen und müssen in seine Wohnung«, sagte Bienzle. »Haben Sie einen Schlüssel?«
»Ja, scho, aber …«
»Ohne aber«, fuhr ihm der Kommissar über den Mund. »Wir dürfen das, glauben Sie mir!«

Bienzle und Gächter stiegen die schmale Eisentreppe an der Außenseite der Garage hinauf. Die Tür war nur angelehnt. Gächter wollte sie grade aufdrücken, da fasste ihn Bienzle am Arm. Leise flüsterte er: »Da ist doch jemand.«

Gächter zog seine Waffe, trat im nächsten Augenblick mit dem Fuß gegen die Tür und sprang in den Raum hinein. »Keine Bewegung!«, schrie er.

»Nu mal langsam, ja?« Der Mann, der sich nun aufrichtete und den beiden Kommissaren zuwandte, war Udo Klapproth. »Nu sieh mal einer kuck«, rief er aufgeräumt. »Olle Bienzle, der Bulle meines Vertrauens, und sein Gächter.«

»Was machen Sie denn da?«, fragte Bienzle. »Was gibt's denn bei dem armen Kerl zu holen?«

Udo wurde verlegen. »Nicht viel. Muss ich zugeben. Aber wenig ist eben doch mehr als nischt.«

»Du gibst also zu, hier eingebrochen zu sein?«, fragte Gächter.

Bienzle sagte: »Man duzt keine Verdächtigen und schon gar nicht, wenn sie quasi geständig sind. Gell, Herr Klapproth?«

»Immer die feine Tour, der Herr Bienzle. Nehmen Sie mich ruhig fest. Dann bin ich …«

»… wieder mal weg von der Straße und habe ein Dach überm Kopf«, ergänzte Bienzle.

»Genau! Und außerdem isses hinter den dicken Mauern im Knast schön kühl.«

»Rufst du die Kollegen von der Schutzpolizei? Die sollen ihn mitnehmen.«

»Da dank ich auch schön, Herr Bienzle.« Udo Klapproth setzte sich auf einen ausgebauten Autositz, der vermutlich aus einem Mercedes der teureren Sorte stammte, holte ein

Tabakpäckchen aus seinem kleinen grauen Rucksack und drehte sich eine Zigarette.

Die Kommissare sahen sich um. Kai Anschütz' Wohnung war ein dunkles Loch. Durch die Fenster drang nur wenig Licht, weil die Scheiben völlig verdreckt waren. Vom Aufräumen schien der Bewohner nichts zu halten. Überall lagen Kleidungsstücke, Papiere und alte Zeitungen herum. In einem Schüttstein türmte sich schmutziges Geschirr, das einen unangenehmen Geruch nach Fäulnis ausströmte. An den Wänden waren Fotos von Motocross-Rennen und von Fahrradkurieren in voller verwegener Fahrt angepinnt.

Bienzle und Gächter durchsuchten die Wohnung fachmännisch. Seitdem sie in jungen Jahren auf der Polizeischule darauf getrimmt worden waren, saß da jeder Handgriff. Systematisch filzten sie Schränke, Kommode, Schubladen im Tisch. Sie suchten hinter den Möbeln und Bildern an der Wand und im Spülkasten des Klosetts. »Nichts, kein Hinweis, wo das Kind sein könnte«, sagte Bienzle schließlich.

»Wonach suchen wir eigentlich genau?«, fragte Gächter.

»Glaubst du im Ernst, wenn einer solche Obsessionen hat, findet man bei ihm zu Hause gar nichts, was darauf hinweist?«

Gächter schüttelte fassungslos den Kopf. »Du glaubst immer noch nicht, dass er's war?«

»Ich weiß nicht, was ich glauben soll!«

Gächter verdrehte die Augen. »Du kannst nicht einsehen, dass du einen Fehler gemacht hast. Der DNS-Beweis ist genauer als jeder Fingerabdruck.«

»I würd's ja zugebe, aber i glaub's ums Verrecka net«, sagte Bienzle trotzig.

»Ich würd's ja auch nicht glauben«, meldete sich Udo Klapproth, der noch immer auf dem Autosessel saß und gemütlich seine Selbstgedrehte paffte. »Ham Se mal *La Traviata* gesehen …?«

»Mensch, dich hab ich ganz vergessen«, sagte Gächter.

Auch Bienzle wendete sich wieder dem kleinen Ganoven zu. »Wie kommt's, Herr Klapproth, dass Sie heute ausgerechnet hier eingebrochen sind?«

»Eingebrochen! Wie hört sich dat denn an, Herr Bienzle! Ich hab mal reingeschaut. War der reine Zufall.«

Bienzle musterte Klapproth misstrauisch. Irgendetwas stimmte nicht, das spürte er. Aber was? Udo hatte dieses verschmitzte Grinsen, das immer darauf hinwies, dass er noch eine Karte im Ärmel hatte. »Spucken Sie's aus, Herr Klapproth. Was hat Sie hierher geführt?«

Gächter verdrehte die Augen. Die Ausdrucksweise Bienzles nervte ihn.

»Zu gegebener Zeit vielleicht«, sagte Klapproth mit einem listigen Lächeln.

Zwei uniformierte Beamte kamen die Eisentreppe heraufgestürmt. »No nix Narrets, wenn's pressiert«, empfing sie Bienzle. »Bei dieser Hitze schadet jeder Übereifer.«

Die Schutzpolizisten nahmen Udo Klapproth mit. Der kleine Mann warf den formlosen grauen Rucksack über die Schultern, machte eine kleine Verbeugung, sagte: »Na dann – bis die Tage«, und verließ, flankiert von den beiden Beamten, Kai Anschütz' verwahrloste Wohnung.

Bienzle und Gächter durchsuchten die Räume ein zweites Mal, wurden aber wieder nicht fündig.

Als die beiden ins Präsidium zurückkamen, gingen sie rasch in die Kantine, um einen Kaffee zu trinken. Dort saß be-

reits Hartmut Grossmann mit ein paar Kollegen. Unter ihnen auch Schreitmüller. Bienzle ersparte es sich, den Mitarbeiter zu rügen. Schließlich wollte er ja grade selbst eine Pause machen. Kaum hatten Gächter und Bienzle Platz genommen, stand auch schon Grossmann am Tisch.
Bienzle sah ihn finster an. »Was treibt Sie eigentlich, Herr Grossmann? Warum lassen Sie uns nicht einfach unsere Arbeit machen?«
Grossmann sprach bewusst so laut, dass man ihn auch an den anderen Tischen hören konnte. »Sie haben keine Kinder, Herr Bienzle, und keine Enkel. Aber ich habe Enkel! Wir haben ja schon darüber gesprochen. Drei ganz süße Mädchen. Elf, acht und sieben Jahre alt. Und die Vorstellung, diese Bestie könnt sich an einem der Mädchen vergreifen …«
»Ja, wie oft wollen Sie mir das noch sagen?«
»Ich bin einfach so erleichtert. Ich hab Ihnen von Anfang an gesagt: Der Anschütz war's! Aber Sie waren ja so stur!«
»Das hat mit Sturheit nichts zu tun. Ich ermittle, und zwar so umfassend wie möglich und nötig.«
Niemand außer ihnen sprach. Alle hatten ihre Aufmerksamkeit auf das Rededuell der beiden gerichtet. Es dachte auch keiner daran, die Kantine zu verlassen.
»Glauben Sie mir, es wäre mir lieber gewesen, wir hätten es ihm schon letztes Jahr nachweisen können. Dann würde die kleine Elena noch leben, und die Ulrike wäre jetzt nicht in Gefahr. Ich hab Recht behalten, Herr Bienzle. Das sollten Sie mir nicht übel nehmen. Ich mein, jetzt müssen es doch auch Sie einsehen?«
Bienzle hob den Kopf und fixierte seinen Exkollegen. »Jetzt? Warum jetzt?«

»Na ja, jetzt eben, wo doch alles völlig klar ist. Das war's doch, was noch gefehlt hat. Dass so eine eindeutige Spur auftaucht.«

Bienzle war plötzlich sehr aufmerksam. Seine Müdigkeit schien zu verfliegen. Er faltete seine Hände auf dem Tisch. Nur Gächter, der seinen langjährigen Freund in- und auswendig kannte, beobachtete, wie sich Bienzles Fingerknöchel verfärbten, bis sie weiß hervortraten.

In diesem Augenblick kam Dr. Kocher in die Kantine und segelte auf den Tisch zu. Jovial tönte er: »Freut mich wirklich, Herr Grossmann, dass Sie wieder dazugehören. Heute Morgen konnte ich Ihnen das ja noch nicht so richtig sagen.«

»Na ja, ganz so weit ist es noch nicht«, entgegnete Grossmann sichtlich verlegen.

»Nicht? Ich hab gemeint. – Wie ich Sie heut Morgen gesehen hab, hab ich denkt: Guck amal, da muss irgendwer über seinen Schatten gesprungen sein.«

Grossmann wendete sich ab und sagte über die Schulter: »So wird's auch kommen!« Damit ging er rasch davon.

Bienzle war inzwischen aufgestanden. »Sie haben den Grossmann heut Morgen gesehen?«

Kocher nickte. »Es war ganz wie in alten Zeiten. Er hat sehr beschäftigt gewirkt – wie immer halt.«

»Wo?«, bellte Bienzle.

»Bitte?«

»Wo haben Sie ihn gesehen?«

»Bei der Spurensicherung. Er kam die Treppe vom Labor herauf.«

Bienzle starrte Kocher an. »Direkt von der Spurensicherung?«

»Ja. Was regen Sie sich denn so auf, Herr Bienzle?«
»Saget Se des noch mal, Herr Dr. Kocher!«
»Zweimal predigt der Pfarrer net!« Der Gerichtsmediziner wendete sich ab. »Ich hol mir jetzt einen Kaffee.«
»Nein«, herrschte ihn Bienzle an. »Sie holet sich jetzt keinen Kaffee! Los, kommen Sie!«
Es gab Situationen, in denen hätte niemand Ernst Bienzle widersprochen, nicht einmal der selbstbewusste Pathologe Dr. Kocher. Mit Ausnahme von Hannelore Schmiedinger natürlich.
Bienzle, Kocher und Gächter hasteten die Treppe hinunter. Auf dem Weg sprach niemand.

Schober sah vom einen zum anderen. »Seid ihr net vielleicht a bissle hysterisch?«, sagte er. »Des ischt doch hirnrissig, so was überhaupt für möglich zu halten.«
»Ihr werdet doch mir zuliebe diese Haare noch amal untersuchen können«, meinte Bienzle, und man sah ihm an, welche Kraft es ihn kostete, ruhig zu bleiben.
»Von mir aus!« Schober sah Kocher an, und auch der signalisierte, dass er nichts dagegen habe. »Ich weiß zwar net, was Sie sich davon versprechet …«
»Nu macht halt!«, sagte Gächter.
Schober brachte mit einer Pinzette zwei winzige Haare auf ein Glasplättchen auf und schob es dann unter das Mikroskop.
»Bitte, Herr Doktor. Sie zuerst.«
Kocher beugte sich über das Okular, nahm seine Brille ab, sah durch das Objektiv, stellte es scharf und stieß einen Schrei aus: »Ach, du heilige Scheiße!!«
Nun sah auch Schober durch das Mikroskop. »Mein Gott«,

entfuhr es ihm. »Das gibt's doch nicht. Die Haarenden ... habet Se des gseha?«

Kocher drehte sich zu Gächter und Bienzle um. Sichtlich schuldbewusst sagte er: »Wer denkt denn auch an so was.«

»Macht Ihnen doch keiner einen Vorwurf«, brummte Bienzle.

Schober ließ sich auf einen Schemel fallen. »Wir blamieren uns ja vor der ganzen Innung bis auf die Knochen.«

»Muss ja keiner erfahren außer uns vier«, sagte Bienzle.

»Kann man jetzt vielleicht mal hören, was eigentlich los ist?«, ließ sich Gächter vernehmen.

»Das müssen die Proben sein, die wir bei Anschütz nach seiner ersten Verhaftung letztes Jahr genommen haben. Frisch, also von gestern Abend, sind sie jedenfalls nicht.«

»Genau so etwas hab ich erwartet«, sagte Bienzle ohne jeden Triumph in der Stimme.

Kocher schüttelte, noch immer fassungslos, den Kopf. »Aber es sind genau die Proben, die heute auf der Tasche von dem Kind gesichert wurden!«

»Fragt sich bloß, wie die da hingekommen sind«, sagte Schober.

»Und wann«, schob Gächter nach.

»So ein großes Rätsel ist das ja nun auch wieder nicht.« Bienzle zog sein Handy heraus, wählte und sagte dann ins Telefon: »Zielke, schaffen Sie mir sofort den Grossmann her. Egal wie!«

Der Exkommissar war leicht zu finden. Er hatte Schreitmüller und zwei weitere Kollegen, die ihm die Treue gehalten hatten, in eine nahe gelegene schwäbische Wirtschaft eingeladen, wo man in einem gemütlichen Biergarten

unter einer alten Kastanie auch im Freien sitzen konnte. Schreitmüller hatte sich bei der Einsatzleitung abgemeldet, obwohl seine Schicht zu Ende war. Die vier Männer hatten Kristallweizen bestellt. Ihre Gläser waren schon fast leer. Sie prosteten sich gerade zu, als Zielke plötzlich an ihrem Tisch erschien.
»Komm, Klaus, setz dich zu uns«, begrüßte ihn Grossmann. »Du bist eingeladen.«
»Tut mir leid, aber es gibt, scheint's, eine sensationelle neue Entwicklung, Hartmut. Dein Typ wird im Präsidium verlangt. Und zwar dringend.«
»Ja jetzt auf einmal?«
»Mehr kann ich dir auch nicht sagen. Aber es scheint unheimlich wichtig zu sein. Befehl von ganz oben!«
»Wirst sehen, die holen dich zurück«, rief Schreitmüller. »Jetzt übertragen sie dir den Fall. Dann kommt endlich Zug in die Sache!«
Grossmann erhob sich. So ganz wohl schien ihm nicht zu sein. Zur Bedienung sagte er noch: »Geht alles auf meine Rechnung. Sie kennen mich ja.«
»Kein Problem«, sagte die Kellnerin und nahm die nächste Bestellung der drei anderen auf.

Zielke führte Grossmann direkt in Bienzles Büro. Der stand mit dem Rücken zum Raum am Fenster und drehte sich auch nicht um, als Grossmann sagte: »Ich denke, ich soll zum Chef.«
»Herr Grossmann! Sie waren heute Morgen im Labor und haben sich alte Haarproben von Kai Anschütz aus dem letzten Jahr besorgt. Die Proben haben Sie dann auf der Tasche der kleinen Ulrike Weber angebracht.« Es klang, als

stoße Bienzle jedes Wort einzeln hervor und als mache ihm jede Silbe Mühe.

»Was reden Sie denn da?« Grossmann wischte sich den Schweiß von der Stirn.

Noch immer wandte sich Bienzle nicht um. »So besessen sind Sie von Ihrer fixen Idee, dass Kai Anschütz der Kindermörder ist!«

»Natürlich ist er's!«

Jetzt endlich fuhr der Kommissar zu Grossmann herum. Die Gesichtshaut Bienzles war aschgrau. Zwischen seinen Augen- und Mundwinkeln hatten sich tiefe Furchen eingegraben. Seine Kiefer mahlten. Seine Augen waren starr. Sein Blick war bitterböse.

Gächter, der bislang unbeweglich an seinem Schreibtisch gesessen hatte, sagte sachlich: »Haben Sie die Haare auf die Tasche des Mädchens praktiziert, ja oder nein, Herr Grossmann?«

»Es hat doch etwas geschehen müssen. Sonst würde der doch immer noch frei rumlaufen! Sie waren doch nicht imstande ...«

Gächter schnitt ihm das Wort ab: »Und wie sollen wir ihn jetzt festhalten?«

»Er wird gestehen, wenn Sie es richtig machen.«

»Und wenn er es nicht war?«, fragte Bienzle, der langsam wieder zu seiner Ruhe fand.

»Aber er war's doch!«, schrie Grossmann.

Bienzle ging auf seinen Exkollegen zu, der immer noch mitten im Zimmer verharrte. Dicht vor ihm blieb er stehen. Ihre Nasen berührten sich beinahe. Langsam, jedes Wort betonend, sagte Bienzle: »Ein Mädchen ist in der Gewalt des Täters, und wir halten hier einen Mann fest, der aller

Wahrscheinlichkeit nach mit den Verbrechen überhaupt nichts zu tun hat. Wissen Sie, wie viel Zeit und Chancen wir Ihretwegen vertan haben?«
»Bitte?« Grossmann schüttelte heftig den Kopf. »Nein, nein, nein – was reden Sie denn da?«
In Grossmanns Rücken sagte Gächter kalt: »Wenn der Entführer das Kind nun umbringt, ist es Ihre Schuld!«
Grossmann starrte die beiden Exkollegen fassungslos an. »Das glauben Sie doch nicht wirklich?«
»Doch«, sagte Bienzle, und Gächter assistierte ihm: »Sie haben versucht, alles so hinzudrehen, dass Kai Anschütz überführt werden muss. Aber leider mit falschen Indizien.«
»Wenn Sie damit verhindert haben, dass wir den wirklichen Täter rechtzeitig stellen, dann sind Sie dran«, ergänzte Bienzle. »Sie sind überhaupt dran!«
Grossmann ließ sich auf einen Stuhl sinken und schlug die Hände vors Gesicht. »Bitte, sagen Sie das nicht! Bitte nicht!! Ich wollte doch nur ... Ich hatte doch Recht!«
Bienzle war schon unterwegs zur Tür. »Nein«, sagte er. »Nein, Sie hatten nicht Recht, Kollege Grossmann.« Die Tür fiel hinter ihm ins Schloss.
»Wir nehmen das jetzt alles zu Protokoll«, sagte Gächter nüchtern.

Kai Anschütz lag in seiner Zelle auf der Liege und starrte an die Decke. Plötzlich sprang er auf, rannte zur Tür und zurück zu der Wand mit dem vergitterten Fenster und wieder zur Tür und wieder zurück. Schlagartig blieb er stehen, drehte sich zur Längswand und schlug seinen Kopf mit solcher Wucht gegen den Beton, dass sofort Blutstropfen auf seine Stirn traten. Er beugte sich weit zurück, holte aus – aber im gleichen Augenblick wurde die Tür aufgerissen.

»Hören Sie auf damit, Kai!« Ernst Bienzle stand auf der Schwelle.

Kai Anschütz hielt mitten in der Bewegung inne. Er sah den Kommissar nicht an. »Lassen Sie mich doch in Ruhe, Mann«, stieß er hervor und holte erneut mit dem Kopf aus.

»Passen Sie auf!« Endlich wendete Anschütz den Kopf und sah den Kommissar an. Der zog die Spieluhr hinter seinem Rücken hervor. »Sie kennen die Musik. Sie haben die Melodie schon gehört!«

Der Kommissar stellte die Spieluhr auf den Tisch. Sie begann zu spielen.

Anschütz drehte sich nun vollends zu Bienzle um. »Ist das denn wichtig?«

Bienzle zog die Zellentür hinter sich zu. »Woher kennen Sie die Musik, Kai?«

»Er pfeift sie manchmal.«

Bienzle wollte Anschütz am liebsten anschreien: »Wer?!« Aber er beherrschte sich. »Ja?«, fragte er. »Genau diese Melodie?«

Anschütz ging zur Liege zurück und setzte sich. Er legte seine Hände flach auf die Knie und senkte den Kopf so tief, dass sein Kinn auf der Brust ruhte. Bienzle zog ein weißes Taschentuch aus der Innentasche seiner Jacke – es war ganz frisch, sauber gefaltet und gebügelt. Behutsam tupfte der Kommissar die Blutstropfen von Anschütz' Stirn.

»Hat mich manchmal ganz schön genervt«, sagte Anschütz leise.

Bienzle sprach noch immer mit viel Bedacht: »Wenn er sie

pfeift oder singt oder summt, ja? Immer die gleiche Melodie?«
Im selben Augenblick öffnete ein Justizvollzugsbeamter die Tür. »Herr Bienzle …«
»Jetzt net!« Der Kommissar fuhr wütend herum. Aber neben dem Wärter stand Gächter, und der hatte exakt die gleiche Spieluhr in der Hand wie jene, die auf dem Tischchen in der Zelle stand und grade leise austrudelte.
»Was ist denn das?«, fragte Bienzle perplex.
»Wir haben den Udo Klapproth ja leider nicht durchsucht. Nicht mal seinen Rucksack. Die da war drin.«
»In Klapproths Rucksack? Das glaub ich nicht.«
Gächter sagte: »Er hat sie ja nicht gestohlen. Er sollte sie dort hinbringen und deponieren.«
»In *seiner* Wohnung?« Bienzle deutete auf Kai Anschütz, der noch immer reglos auf seiner Liege saß.
»Ja, genau!«
Bienzle wendete sich wieder Anschütz zu. »Und wer ist das nun, der die Melodie immer vor sich hin gesummt oder gepfiffen hat?«
»Heinze!«
»Ihr Bewährungshelfer?«
»Und der von Udo Klapproth«, sagte Gächter.
Auf einmal fügten sich die Dinge zusammen. »Er hat sich nicht sehr darum bemüht, uns zu überzeugen, dass Sie unschuldig sind«, sagte Bienzle zu Anschütz und tupfte noch einmal Blutstropfen von Kais Stirn. »Legen Sie sich wieder hin. Schlafen Sie. Morgen früh kommen Sie frei, und dann fängt das Lebe noch amal neu an für Sie!«

Auf dem Dachboden, direkt über seiner Wohnung, hatte Gunther Heinze ein Fotoatelier eingerichtet. Die hintere Wand war mit einem großen weißen Laken abgehängt. Die Blitzlichtanlage war fest installiert. Auf drei Stativen waren Kameras montiert. Der Bewährungshelfer hatte im Laufe der Jahre sehr viel Geld in seine Fotoausrüstung gesteckt.

Heinze stellte die Lampen ein und setzte dann die Spieluhr in Gang, die auf einer Konsole stand. Die Melodie erklang. Ein sanfter Walzer. Die Puppe begann zu tanzen.

Ulrike Weber trat jetzt hinter einem Paravant hervor. Sie hatte ein kurzes durchsichtiges Hemdchen aus schwarzer Seide an und balancierte auf hochhackigen Schuhen. Es war leicht zu erkennen, dass sie noch niemals Schuhe mit so hohen Absätzen getragen hatte.

»Jetzt tanz wie die Prinzessin auf der Spieluhr, mein Liebling«, sagte Gunther Heinze.

Ulrikes Gesicht zeigte Verwirrung und Angst. »Aber wenn du die Bilder gemacht hast, will ich endlich heim«, sagte das Kind und drehte sich ungelenk um die eigene Achse.

»Ja doch, ich fahr dich dann sofort nach Hause!«

»Das hast du vor einer Stunde auch schon gesagt. Lass mich wenigstens anrufen.«

»Ich sag doch, ich hab mit deiner Mutter gesprochen. Wir kennen uns doch schon ewig. Sie ist mit allem einverstanden. Zuerst hat sie ja ein bisschen genörgelt.« Er grinste. »›Meine kleine Ulrike soll zum Film …‹ Aber dann war sie doch richtig stolz. Klar, wenn die eigene Tochter ein Star wird … So, jetzt knie dich hin.«

Bienzle, Gächter und Zielke rannten aus dem Polizeigebäude und sprangen in die bereitstehenden Wagen. Bienzle

gab im Laufen seine Befehle über ein Funkgerät. »Ohne Blaulicht und Signalhorn ranfahren, klar?« Die Polizeifahrzeuge starteten.
Tanja Hohmann kam wenig später mit Suse Weber aus dem Gebäude. Die beiden Frauen stiegen in einen zivilen Dienstwagen der Polizei.

Heinze hatte Ulrike gebeten, sich noch einmal umzuziehen. Das Kind wollte nicht mehr. Es hatte längst jegliche Lust an den Posen verloren, die ihm der Fotograf abverlangte. Trotzdem hatte Heinze sie noch mal herumgekriegt. »Du willst doch zum Film. Hast du doch gesagt!«
»Ja. Aber ich bin müde. Wir können doch morgen weitermachen.« Jetzt trug sie eine Nylonstrumpfhose und ein kurzes Röckchen. Dazu eine Glitzerbluse, und sie stand wieder ungeschickt auf High Heels.
»Morgen ist ein anderer Tag«, sagte Heinze.
Es war heiß hier oben unter dem Dach, auch jetzt noch, da es draußen längst Nacht war.
»Warte«, sagte Heinze, »ich muss den Schweiß auf deinem Gesicht abtupfen, sonst glänzt die Haut so, und das ist nicht gut.« Er nahm eine Puderdose von einem runden Tischchen und einen Wattebausch. »Leg dich schon mal hin.«
»Warum soll ich mich denn hinlegen?«
»Das wird eine neue Pose. Sieht verdammt toll aus, kann ich dir sagen. Wenn wir die Filmfritzen mit den anderen Fotos nicht rumkriegen, dann aber mit dem ganz bestimmt.«

Bienzle ließ die Fahrzeuge fünfzig Meter von dem Haus entfernt, in dem Heinze wohnte, anhalten. Im Sturmschritt marschierte er auf das Gebäude zu. Gächter, Zielke und

sechs weitere Beamte waren dicht hinter ihm. Plötzlich blieb Bienzle stehen. »Dort oben, habt ihr das gesehen?«
»Ne, was denn, wo?«, fragte Gächter.
»Unterm Dach!«
»Sieht aus, als ob es da blitzt«, meldete sich Zielke.
Bienzle teilte ein: »Vier Mann stürmen die Wohnung, aber erst wenn wir anderen oben unterm Dach sind, klar?«

»Ich kann nicht mehr!«, quengelte Ulrike.
Heinze fasste das Mädchen an den Schultern und drückte es auf die Matratze nieder, die mit rotem Samt überzogen war. »Du musst! Sonst war alles umsonst.«
»Ich will jetzt aber trotzdem heim.«
Heinze fasste fester zu. Hart sagte er: »Das geht nicht! Jetzt bist du bei mir. Und jetzt gehörst du auch mir!«
»Was?« Das Mädchen verstand nicht, was er meinte. Dennoch bekam Ulrike plötzlich panische Angst. »Warum sagst du so was? Du bist doch mein bester Freund, hast du gesagt.«
»Ja. Ja, natürlich.« Heinzes Stimme wurde wieder weich und sanft. »Wir haben ja auch dieses wunderbare Geheimnis miteinander.« Er war jetzt sehr dicht über ihr. »Du und ich, nur wir zwei.« Sein Atem ging stoßweise. Unter der blonden Perücke strömte der Schweiß hervor. Tropfen davon fielen auf Ulrikes Stirn.
»Ich will gar kein Star mehr werden«, jammerte das Kind. »Ich will zu meiner Mutti!«

Bienzle hatte sein Ohr dicht an die Tür gelegt. Den letzten Satz Ulrike Webers hatte er verstanden. Er trat zurück und gab Zielke ein Zeichen.

»Halt jetzt endlich deinen Mund. Du tust, was ich dir sage ...«, herrschte Heinze das Mädchen an. Im selben Augenblick flog krachend die Tür auf. Der lange Zielke sprang herein. Mit drei, vier großen Sätzen war er bei Heinze, packte ihn an der Schulter, wirbelte ihn herum und landete einen Haken am Kinn des Bewährungshelfers. In den Schlag hatte Zielke so viel Wut und Wucht gelegt, dass Heinzes Kopf nach hinten gerissen wurde und die Perücke vom Kopf flog. Ulrike schrie entsetzt auf.
Bienzle trat zu dem Kind. »Musst kei Angscht habe. Drunte wartet deine Mutter.«
Zielke schlug noch zweimal zu, und er hätte weitergemacht, wenn Bienzle ihn nicht plötzlich angeschrien hätte: »Schluss jetzt!«
Gunther Heinze lag keuchend am Boden. Aus seiner Nase rann Blut. Bienzle stand breitbeinig über ihm und sah auf ihn hinab. »Herr Heinze, ich nehme Sie fest wegen des Verdachts der zweifachen Vergewaltigung und des Mordes an den Kindern Christine Meinhold und Elena Hagen und wegen der Entführung von Ulrike Weber.«
Stöhnend erhob sich der Bewährungshelfer. »Ja«, sagte er. »Ja, einmal musste es so kommen. Ich bin froh, dass es vorbei ist!«
Handschellen klickten um seine Gelenke. Zwei Beamte nahmen Heinze in ihre Mitte und führten ihn hinaus.

Suse Weber hielt ihr Töchterchen fest in den Armen, als Heinze an ihr vorbeigeführt wurde. Sie sahen sich in die Augen. Suse wollte ausspucken, aber sie konnte es nicht. Sie hatte Gunther Heinze vor einem halben Jahr kennengelernt, als sie bei einer Single-Party gewesen war. Er hatte ihr gut gefallen. Allerdings nicht so gut, dass daraus mehr als eine lose Bekanntschaft geworden wäre. Manchmal hatte er sie besucht, und dabei hatte er auch Ulrike kennengelernt.

Bienzle, Gächter, Zielke und Tanja Hohmann kehrten von dem Einsatz zurück. Schober und Kocher, die von der Festnahme gehört hatten, erwarteten die vier bereits im Büro. Kocher wollte eine Flasche Champagner öffnen, aber Bienzle lehnte ab. »Das ist kein Fall zum Feiern. – Vielleicht hat sich Heinze bei den anderen Familien genau so eingeschlichen wie bei Frau Weber und so die Kontakte zu den Mädchen hergestellt«, sagte Bienzle nachdenklich.
»Und dass die Eltern in keinem Fall Verdacht geschöpft haben, passt ins Bild«, sagte Tanja Hohmann.
»Heinze hat ja den Verdacht sehr geschickt auf seinen Klienten Kai Anschütz gerichtet. Der Heinze ist schon ein verdammt ausgekochtes Schwein«, meinte Gächter.
»Und der Grossmann ist ihm auf den Leim gegangen.«
Bienzle seufzte. »D' Mensche send halt, wie d' Mensche send.«

Sie hatten dann doch noch den Champagner getrunken, und Gächter hatte Bienzle nach Hause gefahren. Vor der Tür blieben sie noch ein paar Minuten im Wagen sitzen. Zunächst sprach keiner der beiden. Schließlich wendete sich Bienzle dem Kollegen zu, der hinter dem Steuer saß und in die Nacht hinausstarrte. »Weil ich partout nicht an die Schuld von dem Kai Anschütz glauben wollte, hasch du mich au für verrückt g'halte, gell?«
»Du dich nicht?«, fragte Gächter zurück.

»Doch, i hab mir ja selber nimmer geglaubt.« Bienzle öffnete die Beifahrertür.

»Gute Nacht, Bienzle«, sagte Gächter. »Du bist jetzt wenigstens nicht allein.«

»Ja, des denkst du!« Aber dann entdeckte er Gächters Blick, der am Haus hinaufging, und folgte ihm mit seinen Augen. Hinter dem Wohnzimmerfenster in seiner Wohnung brannte Licht.

Bienzle hatte es plötzlich eilig. »Ja dann. Gut Nacht, Gächter!« Rasch verschwand er hinter der Haustür.

ENDE

Felix Huby
Bienzle und die letzte Beichte
Roman

Band 16674

Sieben Morde in sieben Jahren und ein Täter, der auf archaische Weise tötet.

Eigentlich war Ernst Bienzle in den kleinen Ort auf der Schwäbischen Alb gekommen, um den achtzigsten Geburtstag seiner Tante zu feiern. Aber plötzlich muss er erfahren, warum man Felsenbronn auch »das Mörderdorf« nennt. Seit sieben Jahren kommt es immer wieder zu mysteriösen Todesfällen, und keiner konnte bisher aufgeklärt werden. Kein Wunder, dass Kommissar Bienzle seinen Aufenthalt verlängert, um herauszufinden, wer sich anmaßt, hier auf lautlose Weise eigene Urteile zu vollstrecken.

Felix Huby erzählt in seinem neuen Roman eine fesselnde, dramatische Geschichte in einer engen dörflichen Welt.

Fischer Taschenbuch Verlag

Felix Huby
Der Heckenschütze
Peter Heilands erster Fall
Roman
Band 16373

Felix Hubys neuer Kommissar: Peter Heiland

Kriminalhauptkommissar Peter Heiland, Anfang dreißig, hat es aus Stuttgart zu einer der acht Mordkommissionen nach Berlin verschlagen. Hier ist alles um einiges rauer und hektischer als im heimischen Schwabenland. Man könnte meinen, der schwäbische Fahnder sei völlig überfordert, als er den Auftrag bekommt, den Sniper von Berlin zu finden und zu überführen, einen Mann, der wild und skrupellos Jagd auf Menschen macht. Doch mit Phantasie und der Gabe, »um die Ecke denken zu können«, gelingt es dem sympathischen Schwaben, dem Heckenschützen auf die Spur zu kommen und ihn zu stoppen.

Fischer Taschenbuch Verlag